大学生が本気で考える

－弘前大学生の地域参加とプレイワーク実践－

子どもの放課後

深作拓郎・岸本麻依　編集代表

弘前大学学生・教員研究会らぶちる—Love for Children 著

学文社

はじめに

　唐突ですが，私は音楽（特にフォーク・ニューミュージック）が好きです。さまざまなジャンルのコンサートに行きますが，とりわけ南こうせつさんのコンサートは格別です。高校1年生からですので，30年近く通い続けています。こうせつさんのコンサートには不思議な力があって，素になれるというかあたたかいというか，その日ばかりはみんながくったくのない笑顔になれる「むらの祭り」のような雰囲気です。

　こうせつさんが近年出された曲に『緑の旅人』（作詞・作曲南こうせつ，日本クラウン，2014年）という曲があります。この歌には「僕たちは向かい風に立つ　緑の旅人」というフレーズがあります。追い風に乗るのではなくて，あえて向かい風のなかを目標に向かって一歩ずつ歩んでいく，そこに自分の生きてきた証がある，という主旨です。

　この歌を聞いたときに，ふと「自分の生きてきた証はなんだろう」「果たして社会の役に立っているのだろうか」と考えました。

　私は20年超，子どもの社会教育研究に打ち込んできました。地域社会を舞台に放課後や休日に子どもたちがいきいき・わくわく・ドキドキしながら遊びに夢中になったり，のん〜びり・ぽけーっと何もしない時間がもてたり，普段ではなかなかできない体験活動ができたりする「時間・空間・仲間・すき間」の大切さを科学的に証明して保障していくこと。そして，一人でも多くの理解者・共感者，担い手（子どもの遊ぶ姿を見て楽しめる人＝真の意味での「子育ち支援」の担い手）を育成していくことが，私の生きる証なのではないかと考えています。私はこうせつさんのような人望も人柄も備わっておりませんが，私が生涯をかけてやれることはこれしかないのだろうと思っています。

　この本は，主に弘前大学（青森県弘前市）を拠点に，子どもたちの笑顔のために

大学生と一緒になって，子どもの放課後のことを真剣に考え実践してきた，まさしく実証研究の記録です。

第1章は，大学や大学生が地域社会と向き合い，これからの地域社会の担い手としての10代から20代前半の青少年がどのような育ちをしているのか，調査と実証研究からの考察を試みました。

第2章からがこの本の主役，"らぶちる"メンバーが執筆しています。

大学生である彼らがどんな実践とどのように格闘しながら，あるいは何をモチベーションとしながら取り組んできたのかがリアルに綴られています。3章は現役メンバーだけでなく，卒業生にも"らぶちる"での出来事を振り返ってもらいました。

そして，4章と5章は，大学生の日々の奮闘が地域の方々からはどう見えているのか，さまざまな形で"らぶちる"と関係のある地域の方々から寄稿いただきました。

当初は科学研究費の調査報告書をくだけた形にして内輪向けの冊子にまとめる予定でしたが，私が病を患い以前のように身動きが取れなくなりました。作業が大幅に遅れていたところに，複数の方々から「"らぶちる"の取り組みを本にしたら」と強い後押しがあり，いくつかの偶然も重なり本書を刊行できることとなりました。本書はまさしく私の「生き方」「生きる証」であり，日々子どもの放課後の世界を真剣に考え，「遊び」を通した子どもたちとの関わりに奮闘している"らぶちる"の活動の証を記したものであることは間違いありません。

本書は，らぶちるの現役メンバー，卒業生の方々はもちろんのこと，私のことも含めて温かく見守ってくださっている地域の方々がいてこそのものです。玉稿を寄せてくださった方々，応援してくださっている方々に，改めて感謝申し上げます。

そして，就職活動と修士論文の調査で目が回るような忙しさの中，私に代わって原稿のとりまとめと執筆を担ってくれたらぶちる卒業生で早稲田大学大学院生の岸本麻依さん，細部のチェックや余禄の企画，挿絵などを担当してくださった現役メンバーであり弘前大学大学院生の横山裟起さん。紆余曲折したにもか

かわらず，じっと待ってくださり刊行に導いてくださった学文社の落合絵理さん。3人なくしては発行することができませんでした。厚く御礼申し上げます。

　昨今は，大学が「地域志向」する傾向が強くなっています。地域（自治体・市民団体・企業）も大学を求めてきています。大学をあげて地域課題に向き合い，大学のシーズを活かした地域課題の解決や産業の育成を促す教育研究が行われるようになっています。これは歓迎すべきことで，地域をフィールドにして現実社会に即して疑問やジレンマに向き合って探求していくことが社会科学であり，その過程でお互いが成長していけるのだと思うのですが，成果や達成度，数値目標に縛られ，研究者・学生ともに窮屈になってきているようにも感じています。

　いずれにしても，大学の地域志向は，教育・研究の双方の面において，新たな「課題」「ジレンマ」を生んでいます。

　本書の実践を通して読んでいたけた読者は，「大学生とここまでしなければいけないの？」と感想を持つ方が多いのかもしれません。日頃「プレイワーク」や「コミュニティワーク」に携わっておられる方は「うんうん」と思っていただけるのかもしれません。

　社会体験だけでなく，放課後や学校外で，大人の眼や評価を気にせず素になって思いっきり「遊ぶ」経験をしていない，じっくりと本音を聴いてもらう機会が乏しい世代には，ここからはじめていかなければならないと私は考えています。

　次世代である10代20代の大学生が一緒に地域に向き合い，さらに若い世代の子どもたちと共に生きることにどう向き合っていくのか，本書が何らかの手掛かりになれば幸いです。

編集代表　深作拓郎

序言　地域づくりと学生教育を架橋する

弘前大学副理事・生涯学習教育研究センター長
曽　我　　亨

　今，日本の地方に足を運ぶと，人口減少がすすんでいることがよくわかる。どの町の商店街もシャッター通りと化し，学校は統廃合されている。住宅街には空き家がみられ，なかには朽ちてしまった家もある。なによりも若者の姿がみられない。地方の未来は消滅してしまうかのようだ。

　こうした現状に歯止めをかけようと，国は今，地方創生に力を入れている。文部科学省も 2012（平成 24）年に大学改革実行プランを策定し，国立大学の機能強化のひとつとして「地域再生の核となる大学づくり COC (Center of Community) 構想の推進」を掲げた。現在，全国で 55 の国立大学が地域志向の教育・研究・社会貢献を進めている。今や，誰もがこぞって地域を志向する時代になってきたのである。

　弘前大学を例にとると，2014（平成 26）年から教養教育を中心に地域課題の解決を探る実践型の授業を取り入れてきた。また大学のシーズを生かして地域産業の成長を促すための研究や，社会人向けの講座などが全学をあげて行われるようになってきた。

　このような動きは，社会教育・生涯学習の理念からすると，大変喜ばしいことだと言える。けれども生涯学習教育研究センターという組織の観点からすると，我々の活動が全学的な地域志向活動のなかに埋没してしまうように感じたことを告白しなければならない。大学が地域志向を強める中で，もはや生涯学習を専門とするセンターは不要であるかのようだ。

　さらに社会の側からも，大学の生涯学習系センターに対するニーズは低下しているようだ。否，ニーズが低下したのではない。カルチャーセンターや趣味のサークルなど，人びとのニーズに答える様々な学びの場が増えており，大学が提

供してきた社会人向け講座の地位が相対的に低下しているのである。こうした状況を反映してか，全国の大学に設置されていた生涯学習系センターは，減少の一途をたどっている。生涯学習系センターは，今や「絶滅危惧」状況にあるのである。

　我々は，こうした兆候を，数年前から認識していた。そして，我々が提供してきた生涯学習の価値を真剣に見つめ直し，新たな状況にあわせて活動の質を見直してきた。そして一般市民向けの教養講座的な活動から，実践者や専門家をエンパワーするゼミナール形式の連続講座へと，対象と手法を変えてきた。大学が真剣に地域に向かうのであれば，単に教養や知識を授けるのではなく，地域を良くするために活動する実践者や専門家こそ支援すべきであると考えたのである。

　地域を良くするために活動する人には，いろいろな人が含まれる。NPO法人などの一員として活動する人もいるだろうし，ボランティア団体の活動に参加したりする人もいるだろう。あるいは，町内会活動に参加したり，道端の草刈りや公園の整備など，地道な活動をする人も含まれる。けれども重要なのは，潜在的な人びと，すなわち今はまだ活動できていないが，なんらかの地域課題を認識しており，その改善を願っている人びとである。彼／彼女らを組織したり，あるいは他の組織とのネットワークを構築したりすることで，受動的な人びとを能動的な主体へと変えていくことができないだろうか。とくに青森県には地域活動の受け皿となる団体が少なく，人びとの潜在力が十分発揮されていない。こうした人びとの潜在的な力を引き出すことができれば，地域は格段に良くなるはずなのである。

　一方，地域づくりには，ヨソモノ・ワカモノ・バカモノの力が大切であると言われている。青森県の自治体からは，大学生に来て欲しいと懇願されることが少なくないが，これはヨソモノでありワカモノであり，そして時にはバカモノにもなれる大学生を地域に呼び込むことで，地域の活性化を願っているのだろう。また逆に大学の側も，地域志向の高まりとともに，学生を地域に入れようとする動きが加速している。しかし，両者の思惑は異なる方向を向いている。自治体の目的は地域を良くすることであるが，学生の成長についてはおざなりである。地域

に足を運びさえすれば，勝手に学生は成長するだろうと考えている。一方，教育活動の一環として地域に学生を入れようとする大学の目的は，あくまで学生の成長に主眼がある。地域の成長については楽観視したり悲観視しがちである。こちらも，学生が訪れれば，自動的に地域も元気になると考えているか，あるいは初めから学生には無理だと諦めている。

　こうしたベクトルの違いに目を向けるとき，生涯学習系センターの新たな課題が見えてくる。両者を架橋する社会技術の開発である。生涯学習系センターの教員は，地域の側に立って課題解決に取り組むことの難しさや勘どころを知悉しており，同時に学生を育てることについての明確なビジョンを有している。生涯学習系センターこそが，その両者を架橋する社会技術を鍛え，広く伝えていくことができるのではないだろうか。

　本書の編者である深作は，こうした社会技術の開発に長く携わってきた。子育てに焦点をあて，地域で子育てをしている人びとを支援してきた。子育ては，子どもの自発的な育ちでなければならないとする深作の主張は，地域支援は地域自身の自発的な活動を引き出すものでなければならないという考え方と通じるものがある。また深作は，学生団体「らぶちる」のメンバーが，子どもの育ちを支援するなかで，彼ら自身が育つ過程にも注目してきた。地域の育ちと学生の育ちの双方に着目した本書は，地域を志向し始めた大学の課題に，実践的な解を与えてくれるに違いない。

目　次

はじめに　　i

序言　地域づくりと学生教育を架橋する　　iv

1章　子どもの放課後の世界と大学生の子育ち支援 （深作 拓郎）……1

1.　はじめに　　2

2.　子どもたちの放課後の世界―生活世界の変容　　2

3.　子ども・若者と政策・施策との「ジレンマ」　　4

4.　子どもと地域をつなぐ―「プレイワーク」と「コミュニティワーク」　　7

5.　大学生の地域参加への期待―"らぶちる"への想いから　　8

6.　中高校生・大学生の地域社会参加に関する調査から　　11

おわりに　　15

2章　"らぶちる"の実践 （らぶちるメンバー）……19

1.　"らぶちる"とは　　20

2.　らぶちるじどうかん　　29

3.　ちびっこ海賊の佐井村まち探検　　36

4.　こどものまちミニひろさき　　49

5.　らぶちるカフェ　　59

6.　高校生たちとの交流　　64

3章　"らぶちる"から得たこと・学んだこと・悩んだこと
（らぶちるメンバー＆らぶちる卒業生）……73

1.　"らぶちる"現役メンバーによる座談会　　74

2.　"らぶちる"卒業生からのメッセージ　　88

vii

4章　外からみえる "らぶちる" …… 101

大人でもなく子どもでもなく　　　……　いわて子どもの森　長﨑由紀　102

地域で子どもとともに育つ存在　　……　児童健全育成推進財団　阿南健太郎　104

地域実践からみた「希望」としての大学生

　　　　　　　　　　　　　　　……　はちのへ未来ネット　平間恵美　106

高校生の憧れの先輩として　　……　前久慈市立中央公民館　鈴木沙織　108

架け橋の役割　　……　ポピンズ国際乳幼児教育研究所　神田奈保子　110

5章　大学発の子どもの地域活動の可能性
― "かかわりあう" って大変！　楽しい！（阿比留 久美）…… 113

1.　活動の基盤となる価値の追求　　114

2.　活動における「学び」のアート　　116

3.　活動における「かかわり」のアート　　119

4.　大学／大学生が地域の子どもとかかわることの意味―"らぶちる" に期待する
　　未来　124

6章　"らぶちる" の実践から得られたもの
― 大学生が実践する「子育ち支援」への課題と可能性（岸本 麻依）…… 129

1.　内側からみた "らぶちる" の意義　　130

2.　"らぶちる" の課題と今後への期待　　133

余　録　136

編集後記：本書の刊行にあたって　　142

1章
子どもの放課後の世界と大学生の子育ち支援

深作 拓郎

1. はじめに

- ・（学校・塾の先生は）自分の利益のために生徒をけなす
- ・（おとなは）子どもを信じていない
- ・大事な想い出の品を都会から来たボランティアは「瓦礫」って呼ぶ
- ・過去をえぐらないでほしい

「ひとりになりたい」「かまわないでほしい」「消えてしまいたい」とこぼす10代は以前よりも増し，その時の表情や話の前後の内容から，疲弊感・閉塞感を漂わせている子どもたちも少なくありません。

　これらのコメントは，児童館などの地域の子ども施設，商業施設のフードコートや公園など地域のなかで得られた子どもたちのつぶやき（生の声）を抜粋したものです。教室や家庭のなかで抱えた人間関係の息苦しさを一歩外に出た地域社会で吐き出しているのです。

2. 子どもたちの放課後の世界——生活世界の変容

　地域社会において子どもたちは，さまざまな遊びをしたり，余暇にいそしんだり，休息をとったりと，学校や家庭とは違う独特の世界（エピソードとファンタジーが連続する世界）を繰り広げています。そこで子どもたちは，子ども同士で「遊ぶ」ことを通して「いきいき・わくわく・ドキドキ」しながら「育ちあい」＝「子育ち」を営んでいるのです。

　しかしながら，ベネッセ教育総合研究所が実施した「第2回放課後の生活時間調査」によると，「忙しい」「もっとゆっくり過ごしたい」と答える小・中・高校生が増加し，また，外遊びやスポーツなどへの参加を「ほとんどしない」と答える子どもも増加しており，子どもたちの「ゆとりのなさ」と「行動の内向き化傾向」が明らかになりました[1]。また，内閣府が満13歳から満29歳までの子ども・若者を対象に実施した『平成25年度 我が国と諸外国の若者の意識に関する調査』では，子ども・若者は社会参加に対する意欲が低いことが明示されています[2]。

NHK放送文化研究所が2012年に行った『中学生・高校生の生活と意識調査』では，自分の身近な範囲だけをみて「幸せ」と感じるなど近視眼的傾向が指摘されています。加えて，子ども・若者層の自己肯定感の低さも課題となっています。千石保さんらが行った『中学生・高校生の生活と意識調査－日・米・中・韓の比較』では，「自分に自信がない」と回答した割合は中学生で約56％，高校生では約68％も占めていました。内閣府が実施した前出の調査でも千石さんたちの調査とほぼ同様でした。

　本来，学校から一歩出た放課後・学校外は，地域社会を舞台に繰り広げられる世界です。ここでは「遊び」が手段となって，彼らの世界観の広がりが発達を促しています。

　増山均さんは，いくつかの写真集を手掛かりに，子どもたちの生活変容について分析しています。かつては原っぱや空き地，路上などで繰り広げられていた遊びの風景が1980年代には消滅していった背景として，①産業構造の転換に伴う都市の過密化と地方の過疎化，②保護者の教育熱の高まりと学習塾や習いごとなどの教育産業の拡大，③電子メディアやゲーム機の普及，の3点を問題提起しています。

　このように，子どもたちの生活世界の変容と学習の長時間化は，放課後をも学校的な世界へと変容させています。その波は，遊びへも影響をもたらし，人や自然との触れ合いを遠ざけ，遊びの消費文化化をもたらしました。さらには，「○△検定」なるものが導入されるなど，遊びの中に「学習」や「成果」が要求されるようにもなっているのです。

　家庭や学校とは一線を画し，子ども同士で繰り広げられる「自主的」「自治」の世界であるはずの放課後・学校外は，「時間・空間・仲間・隙間・遊び」のすべてにおいて大人の「価値観」が侵略され，それは，家庭生活の困窮や教室内での息苦しい人間関係から逃れ，素になれる貴重な機会を子どもから奪っているといえるのではないでしょうか。

3．子ども・若者と政策・施策との「ジレンマ」

(1) 子ども・若者の政策・施策とその動向

　都市の過疎化や地方の過疎化をはじめとする地域構造の変化を背景に，子どもの地域社会と関わる機会が乏しくなったとの問題関心が高まりました。1974年社会教育審議会建議『在学青少年に対する社会教育のあり方』では，地域を舞台にさまざまな体験活動の機会，子ども会やスポーツ少年団，おやこ劇場などの地域子ども組織の育成が，行政・市民双方から図られていきました。

　2002年中央教育審議会答申『青少年の奉仕活動・体験活動の推進方策等について』において，初等中等教育段階におけるボランティア活動などの地域参加体験の機会を充実させるよう提起され，地域社会での職場体験・インターンシップも盛んになりました。2013年からは，大学教育においても「地域を志向する学生の育成」が唱えられています。これを受け，宮下与兵衛さんによる高等学校での実践[5]や白戸洋さんによる大学での実践[6]などに代表されるように，地域が抱える課題解決に導く実践的な学習が行われています。また，参加の過程と省察的考察を重視した実践的プログラムである「サービス・ラーニング」，教室での学びと日々の活動を接続させていく「ラーニング・ブリッジング」などの新しい教育方法も開発されています。

　このように，地域社会や学校教育では子ども・若者層の「地域志向」に対する意識は高まりつつあるのですが，前節でも紹介したように当事者である子ども・若者は内向き化しており社会参加に対する意識は低く，さらには自己肯定感も低いという傾向になっており，双方の間に「ジレンマ」が生じているのです。

　だからこそ，子ども・若者が，自己肯定感を高められる地域参加のモデルを，地域参加の舞台となる地域・社会教育の側から構築することが必要なのだと考えています。

　2015年から施行された「放課後子ども総合プラン」は，文部科学省と厚生労働省が一体となって，すべての子どもたちの放課後の居場所づくりと体験学習の機会の充実を図るプランで，2007年にスタートした「放課後子どもプラン」を

拡充させていく施策です。2007年と2010年に私が行った調査(7)から，10代の子どもたちは地域の児童館をはじめ公民館などの社会教育施設で行われる体験活動や講座を通して，地域のさまざまな大人を知るきっかけを得ています。そして，その大人の姿から「生き方のお手本」としてコミュニケーション能力や人間関係能力などを学び取っていることが明らかになりました。そのような意味からも，この施策がより充実されていくことは喜ばしいことだと思います。しかしながら，活動場所として積極的に学校を活用しようとしていること，「学習」という文言が狭義にとらえられてしまい，増山均さんが「放課後の学校化」(8)と指摘するような動きがあることは否めず，ここでも「ジレンマ」が発生しているのです。

　子どもの放課後の世界を熟知している私たちは「放課後子ども総合プラン」に込められた真意をより積極的にとらえ，本来子どもたちが自発的に発揮していた市民性（地域社会の一員として主体的に地域に参加していく）を養なう機会として具現化させていくことが求められているのではないでしょうか。

　2010年施行「子ども・若者育成支援推進法」にも触れておきたいと思います。これまでばらばらに手がけていた子どもや若者への支援をネットワーク化しようとしている点，子どもの意見表明を保障するための施策や参画の取り組みを明記していることは非常に意義深いと思います。子ども・若者支援への関心の高まりは，貧困による子どもの心身発達への影響とリンクしてクローズアップされ，「こども食堂」や「学習支援」の取り組みが各地で広がっています。これは非常に重要な支援であることは間違いありません。しかし，こういった傾向について平塚真樹さんが支援の対象を社会的に困難な層に限定した「ターゲット志向」(9)であると指摘するように，貧困，学校中退者，不登校，ひきこもりなどの問題に特化するのではなく，すべての子どもたちへの切れ目のない支援が必要だと考えます。

(2) 放課後・学校外の世界に注目する理由──教育・福祉・文化を紡ぐ

　私が子どもたちの「放課後」に注目する理由は，放課後はすべての子どもたちが有する，学校と家庭の「はざま」に位置する，まさしく子どもだけの「時間・空間・すき間・人間関係」の世界だからです。その放課後に子どもたちは，「遊

び」を手段として，人や地域とつながっていくための独特の世界観を創り出します。1989年に国連が批准した「子どもの権利条約」第31条（休息，余暇，遊び，レクリエーション活動，文化的生活および芸術に対する権利）としても位置づけられています。まさしく，「放課後・学校外の世界」は，学校・家庭と同様に子どもにとって重要な世界なのです。放課後支援をより具体的に考えることは，すべての子どもたちへの切れ目のない支援を具現化させていくという観点からも重要であると考えています。

子どもたちの日常の参与観察や関わりで得られたコメントなどを総合すると，これまでも紹介してきたように，子どもたちの放課後・学校外は「遊び」という手段，「遊ぶ」という行為を最も重要視していることがわかりました。

そこで，「子ども」と「遊び」を中心に据え，近年取り組まれている政策・施策，市民活動などを取り込んで整理（試案）したのが図1です。

図1　子どもの放課後・地域社会の世界

子どもたちの生活全般をとらえきれてはいないため，断言こそはできませんが，教育（とりわけ社会教育），児童福祉，文化芸術の領域が密接に重なり合っています。すなわち，「学習権」「生存権」「文化権」の総合体であるともいえるのです。このことからも，子どもたちにとっての放課後・学校外の世界は，領域的にも「切れ目のない」世界であるといえるのです。

4．子どもと地域をつなぐ
——「プレイワーク」と「コミュニティワーク」

（1）「遊び」を通した子育て支援——プレイワーク

子どもたちの発達において「遊び」は，子どもたち同士が自由に創意工夫をしながら独自のペースで取り組めるなどの重要な意味を有しています。

「子どもの権利条約」の第31条では，年齢に応じた「遊び」「文化」「スポーツ」に自由に参加すること，「何もしない（休息）」権利を保障しています。学校や家庭から切り離された地域社会では，いきいき・わくわく・のびのび・の～んびり・ぽけーっとできるファンタジーな世界を「発達に応じて」「自由に」参加できる（参加しない）ようにしていく社会環境の醸成が理念として込められているのです。

社会保障審議会は，「遊びのプログラム等に関する専門委員会」を2015年に設置し，とりわけ児童館における遊びのもつ意識とその援助についての論証が進められています。このほか，「冒険あそび場」などで子どもの遊びを援助する「プレイワーク」という概念も広がりつつあります。遊びを通した子どもの健やかな心身の発達を促すためのあり方，大人の支援を一般化しようとする試みです。

これらの議論を整理すると，子どもを主体に据え，①遊びという行為そのものの尊重，②子どもの自治の保障，③プログラムの実行とその援助，④子どもの仲間集団の形成，⑤地域の多様な人びととの交流や関係構築，⑥教育文化活動に必要な素材や機会の提供と活動促進，の6点に集約できます。

遊びの援助は，プログラムの指導技術よりも，子どもとの適切な「距離感」を

把握しながら信頼関係を構築し，遊びからうまれる解放感や高揚感を受けとめ，子ども同士や子ども・大人間のコミュニケーションを促進させるなどの技術が重要なのです。

(2) 地域社会とのつながり形成——コミュニティワーク

遊びを通した子どもたちの健やかな心身の育成について，社会教育の文脈からとらえたときに着目しておきたいのが「子どもの仲間集団の形成」と「地域の多様な人びととの交流や関係構築」，いわゆるコミュニティワークです。

子どもの仲間集団は，おおよそ7歳〜11歳ぐらいの児童期が最盛期で，同世代との遊びがきっかけとなり，「対等な人間関係」「仲間とぶつかる」「仲間意識（我々意識）が芽生える」などの特徴があります。先に紹介した「地域社会のつながり」に関する調査からも，社会教育活動への参加の有無が，地域の多様な人びとと出逢う重要なきっかけとなっていること，それらの人びとが人生のモデル（準拠者）になりうることを明らかにしました。家族や学校以外の地域の多様な人びととの出逢いが彼らにとって生き方や価値観の拡大につながることを示しているのです。

このように，遊びを軸とした体験の機会は，子どもの自己形成と仲間集団の形成を促し，子どもと地域社会とをつないでおり，そのための機会の提供や人材育成などを担う社会教育の役割は非常に重要だといえるのではないでしょうか。

5. 大学生の地域参加への期待——"らぶちる"への想いから

(1) 大学生に注目する理由

近年，私は「冒険あそび場（プレイパーク）」や「こどものまち」の実践に関心を寄せています。その理由は，いずれの実践も，①子どもたちの発達に応じた「主体的参加」が原則となっている，②遊びが最大の手段として用いられている，③教育・福祉・文化の領域の総体的な実践である，④多様な大人の見守り・寄り添いが可能であること，⑤子どもだけの，子どもならではの「公共」が生まれる

からです。さらには，大人とは違った「ナナメの関係」とされる大学生による実践例も誕生してきています。[11] 多様な大人の組織化，子どもとの関係性構築，保護者から信頼を得るための工夫という点でも興味深いのです。

　子どもの放課後・学校外は，教育の概念だけでは成り立たない，福祉・文化を結合させた領域です。その視点から考えた時，プレイワークとコミュニティワークを手法に用いたこれらの実践は，これからの子どもの放課後・学校外の世界に新たな知見をもたらしてくれるのではないかと期待しています。

(2) "らぶちる" への想い

　私が大学の教員として最初に赴任したのが埼玉県羽生市にある埼玉純真女子短期大学（現：埼玉純真短期大学）でした。保育者養成を柱に掲げた短大で，私は当時開設されていた二部（夜間）を主に担当していました。さまざまな課題を抱え，まさしく昼間働きながらひたむきに学ぶ学生たちの姿に私の方が励まされました。

　そして，弘前大学に着任したのが 2009 年の春でした。所属する「生涯学習教育研究センター」は，自治体などと連携して地域の課題に即した社会人の学習を企画運営する，いわば大学の公民館・社会教育主事的な役割を果たすという機関で，まさしく私にはベストポジションでした。ただ，ひとつ寂しく感じたことは，前任校から一転して授業やゼミナールなどを通じて学生と向き合える機会がとても少ないということです。着任当初に担当していたのは，全学部生対象の教養教育科目，教育学部での専門科目のそれぞれ 1 科目のみでした。数少ない授業を通じて感じたことは，今の大学生たちは，学校でのキャリア教育などの影響などもあり，日常生活や社会に出ての労働参加（いわゆる社会的自立：職の世界）に対しての意識は高いものの，地域社会で役割を担うことや世代の異なる人と関わること（地域再生産：役の世界）への意識が低いのではないかということです。誰もが経験してきた（はずの…）放課後の世界を，どうしても「学校の延長」としてとらえてしまう。とりわけ教員志望の学生たちに違和感を抱いていました。放課後・学校外はもっと自由で奥が深い，自分が高校生の頃に感じたことを，目の前にい

る大学生たちに伝えたいと強く思うようになっていきました。

　弘前大学に着任して3年目のあたりから，講義を通して，「放課後の遊び」「子どもを信じて見守る大人の姿勢」などに賛同してくれた学生が少しずつ集いはじめました。2012年の12月に開催された「第58回子どもを守る文化会議」のシンポジウムの企画と運営を担うことがひとつのきっかけとなり，その準備がはじまる同年の初夏，学生・教員研究会「らぶちる──Love for Children」（以下，"らぶちる"）が産声をあげました。

　"らぶちる"で大切にしていることは，「放課後は学校ではないこと」「放課後子どもに関わる私たちは先生ではない。学校の先生のような指導はしないこと」「子どもを信じて見守ること」です。具体的には，児童福祉施設設置最低基準第39条に定められている「遊びを指導する者⁽¹²⁾」を指針に，①子どもが主体であること，②広がりのある遊びを考えること，③子どもたちとの距離感を保つこと，の3点を「"らぶちる"の基本姿勢」としています。

　"らぶちる"での私の関わりは「せんせい」ではありません。「たくろうおいちゃん」（以下，おいちゃん）として関わっています。10代・20代の頃は「たくちゃん」と子どもたちから呼ばれていましたが，30代半ばに「たくろうおんちゃん」となり，「おんちゃん」は珍しくない（「おじさん」を北東北では「おんちゃん」と呼ぶことが多い）と子どもたちがインターネットで検索して現在の名前が命名されました。おいちゃんは，自分が出すぎないように気をつけながら，「共に活動し，一歩引いて信じて見守る」ことを貫いています。しかしながら，指導者的役割を完全に払拭できているわけではありません。その理由は，「遊び」を通した子どもとの関わり方と地域との関わり方について，助言が必要となるからです。具体的には，①「子ども主体」を常に意識して活動できるようにする，②遊びが「展開ができる・世界が広がる」を常に意識するように促す，③活動後のリフレクション（省察的考察）を行うという3つのことを実行しています。

6. 中高校生・大学生の地域社会参加に関する調査から

（1）調査の概要

　"らぶちる"の立ち上げ直後の 2013 年春，科学研究費（若手 B）の研究助成（研究課題「地域活動を通した子どもの主体形成と大人の役割」研究代表：深作拓郎）が採択されました。

　10 代を中心とした中・高校生，大学生（以下，青少年と称す）の地域社会参加の活動を参与観察とヒアリングから検証することで，青少年がどのような組織や活動拠点を持って活動を展開し，活動を通して変容（成長）していくのかを明らかにすること。加えて，青少年を直接ファシリテートする指導者側についても検証することで，青少年の主体形成と支援する側の姿勢や体制などのモデル構築を行うことを目的に 3 年間調査を行いました。

　調査の方法は，フィールドワーク（参与観察・ヒアリング）としました。調査対象は，先方の都合もあり一部変更を余儀なくされましたが，最終的には，①「らぶちる」のほか，② K 市中央公民館のボランティア団体，③ H 町のジュニアリーダーズクラブ，最終年度には同じく F 市の NPO が育成している高校生ボランティアチームにも協力を得ることができました。いずれの団体とも，①地域の子どもを対象とし，②日常の拠点（ベース基地的な空間）があり，③成人の指導者が常時存在していることが共通しています。

（2）調査からみえてきたこと

　参与観察とヒアリングの分析は次のとおりです。

◆中高校生への調査から

　　・「活動への参加のきっかけ」

　　　学校（授業）や友人からの紹介が圧倒的に多く，次いで小学校高学年時の子ども会行事で出逢ったリーダーに「憧れた」という回答も得られました。具体的な職業（保育士・教員など）や大学進学に有利など，キャリアを意識し

た参加動機を示す回答は得られませんでした。

・「継続している理由」

　「楽しい」「達成感がある」「手応えを感じる」という内容を挙げる中高校生がほとんどでした。自分たちが主体的（主導）に進められていることが影響しているのではないでしょうか。

・「参加してからの自身の変化・気づき」

　①子どもに関わる知識の習得に関する内容“知識”，②子どもに関わる技術の習得に関する内容“スキル”，③人と関わる姿勢，活動の意義や目的，心構えなどの内容“マインド”，④将来の進路に関すること“キャリア”で分類してみたところ，“マインド”に関する回答が多く，次いで“スキル”に関する回答が多いという結果でした。

　活動においては「子ども」への配慮，それぞれの団体で理念としていることなどのほか，子どもを楽しませるための遊びや野外活動（とりわけキャンプに関する）などの「技術」の習得を自身の学びとしていました。

　学校教育のように教えてくれる人はいないが一緒に悩みながらも対等な水平的な仲間同志の関係性に彼らは居心地の良さを感じていることを示唆するデータも得られました。

　中高校生へのヒアリングでとびぬけて多かったのが「憧れ」というワードです。リーダーや最終学年の中高校生たちから語られる内容は共通して「（活動対象の子ども，各団体の後輩に）憧れられる立場になる」という主旨であるのに対し，下の学年の中高校生たちは「先輩」に対して「憧れる」という内容がほとんどでした。

　ヒアリングから，中高校生たちは“マインド”“スキル”を主軸とした学びを成果として重視し，「憧れ」というキーワードからは，対等な関係性であるからこそ，互いが影響し合える，その象徴であり活動を継続・発展させていくうえでの目標，成果の指標としていることが明らかとなりました。これは，進路としての“キャリア”ではなく，人間形成のモデルとしての“キャリア”が内包しているの

ではないかと推察することができます。

◆ "らぶちる" への調査から

　"らぶちる" のメンバーへの調査からも，中高校生とほぼ同様の傾向がみられました。

　しかし，注目すべき点として，中高校生たちからは，「楽しい」「憧れ」などの漠然とした言葉で語られていたことに対し，一人ひとりが具体的なエピソードから「手応え」・「達成感」・「気づき」として語っているということが挙げられます。特に，活動の対象者である「子どもの主体性」と「活動に携わる自分自身の主体性」についてのコメントが多く見られました。とりわけ「子どもとの関係性」については，経験年数が多くなるにつれ，「自分が子どもたちとどう関わっていくか」から「子どもたち同士の関係性をどのように築いていくか」という問いに変化していることが特徴として挙げられます。

　また，地域の大人の側との互恵的関係が築けたこと，今後の進路や生き方など「キャリア」に関するコメントも見られたことも注目できることです。

　そのほか，「居場所」に関することも見受けられました。活動によって得られる達成感・充実感だけでなく，自分を解放できて，受け止めてくれる仲間と空間の存在，すなわち，影響し合える仲間の存在が活動を継続していくモチベーションとなっているということなのです。中高校生たちから語られていた「憧れ」がここにもつながってきているのではないでしょうか。

　2014年4月に行った予備調査 (大学生7名) において，児童期・学童期のエピソードについてヒアリングをした際に，地域社会と関わることに対してポジティブな体験が多かったことから，地域参加活動への参画に対しても積極的であることがわかっており，小学生の頃からの地域社会への参加とポジティブ体験が，高校生や大学生となった時，地域社会への参加に対しても前向き (積極的) な意識がもてることに影響を与えていることが推察できますが，今回の調査ではこれ以上深めることができませんでした。

6. 中高校生・大学生の地域社会参加に関する調査から　　13

◆調査から明らかになったこと

今回の調査から，青少年の地域活動組織の構造は，対等な人間関係を基軸に据えつつも，「憧れる・憧れられる」相互的関係こそが地域活動を推進し，先輩から「受け継ぎ」後輩へ「託す」という原動力を生みだしていることを明らかにすることができました。そして，ゲームやレクリエーションなど子どもたちを楽しませる"スキル"や子どもと関わる"態度"，活動に対する"意義・目的"などを，組織内で相互学習することを大切にしていることが示唆されました。

また，青少年たちは，子どもたちとの関わりや成人指導者との世代を超えたつながりも自覚的に行っていることも示唆されました。このほか，青少年の活動を支える成人指導者は，「教授・指導」という教育手法はあまり用いず，青少年の営みを「尊重し，見守る」手法を用いている点が共通してみられました。

しかしながら，これらのことについては，具体的事象から捉えていくことができませんでした。また，成人指導者がこの手法を習得していく過程についても深めることはできませんでした。

この調査で明らかになったことについて，高橋勝さんの先行研究から援用すれば，青少年の地域活動は，同世代の仲間を中心に子どもや地域の人びとなど多世代との関わり合い（ヨコ・ナナメの関係）の過程で，新しい自己（価値観）が形成されていく「自己形成空間」[13]であるということです。

社会教育関係者の間でも，この点が大切であることは共有できているものの，まだまだ一般的には，大人の側が必要以上に関与（指導）するか，あるいは青少年に対して参加機会の提供やマンパワーとしての活用する傾向がみられます。

青少年の「主体的な参加・参画」と「自主的な組織運営」を担保し，彼ら自身が活動を通して身につける「マインド」「スキル」を中心とした相互の学びあいを促すこと，そのための環境を醸し出していくことが今求められているのではないでしょうか。

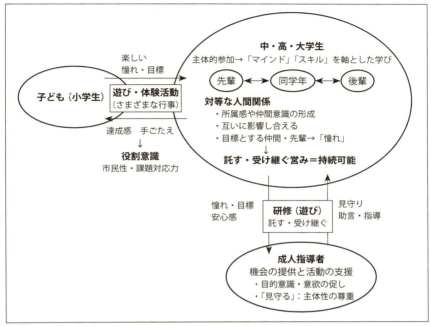

図2　青少年の地域参加活動を通した学び

おわりに

　この章では，子どもの放課後・学校外の世界の現状と課題を整理し，中高校生や大学生が子どもたちの放課後・学校外世界に関与していくことの可能性について，調査で得られたことを踏まえて説明してきました。この調査から，中高校生や大学生の地域参加（子育ち支援への参画）は，参加・参画の機会を提供（お手伝いボランティア）するだけではなく，①中高校生や大学生自身が活動を通して「スキル」や「センス」が磨け，②達成感や役割意義も実感できることで，さらに積極的・主体的に地域社会への参画に発展していけるような教育・学習環境を創りあげていくことが重要であることが明らかになりました。これは，中高校生や大学生自身の問題であるのと同時に，地域を志向する大学，ボランティア活動

を推奨する中学校や高等学校の課題であり，地域社会の課題でもあるのです。

　さて，この本の主人公は“らぶちる”です。“らぶちる”の活動は私の研究においてのアクションリサーチであると同時に，私の原点にも通じるいわば「ライフワーク」に近いものです。この 6 年間“らぶちる”をとても大切にしてきました。

　余談ですが，一昨年の「らぶちる暑気払い」でこんなやりとりがありました。とある方がらぶちるメンバーに対して「ふかさくせんせいの下で，せんせいからいろいろ教えを乞えて良いですね」と言ったそうです。たまに同様のことを言われているそうです。それに対してＡさんは「おいちゃんから教わったことなんかないし…」と酔いの勢いもあって力強くコメントしていました。近くで聴いていた私は一瞬凍りつきましたが，「正しい，これで良いんだ」と思いました。それは，先に記したとおり，青少年の地域活動における指導者の役割は「指導」だけではないからです。そして，ともに影響し合いながら学び合っている，社会教育しているんだなぁと思いました(笑)。まさしく“らぶちる”を象徴する一言だと思っています。

　調査で明らかにしたことが実際の“らぶちる”ではどのように展開されているのでしょう。どんな活動をして，どのような人間関係を築き，どう自己形成をしていっているのでしょう。私も知らない葛藤や苦悩，苦痛があることでしょう。ここから先は，私が書くよりも，当事者たちの生の言葉に譲りたいと思います。

〈注〉
　(1) ベネッセ教育総合研究所『第 2 回 放課後の生活時間調査 インフォグラフィックゆとりがない子どもたちの放課後』2014 年。詳しくは，同研究所『速報版第 2 回 放課後の生活時間調査—子どもたちの時間の使い方［意識と実態］』2014 年を参照されたい。
　(2) 内閣府『平成 25 年度　我が国と諸外国の若者の意識に関する調査』2013 年。
　(3) 日本青少年研究所『中学生・高校生の生活と意識調査報告書—日本・米国・中国・韓国の比較』2009 年。
　(4) 増山均「『子どもの放課後問題』素描」『教育』2014 年 2 月号，かもがわ出版，79-87 頁。
　(5) 宮下与兵衛『地域を変える高校生たち』かもがわ出版，2014 年。

(6) 白戸洋『まちが変わる・若者が育ち，人が元気になる―松本大学生がかかわった松本のまちづくり』松本大学出版会，2009年。

(7) 埼玉県Y町の中高校生20名，弘前大学教育学部の大学生20名を対象に，親戚やクラスメイト以外の地域の人びとと出逢うきっかけやその人たちをどのように見ているのかを把握することを目的に実施しました。

(8) 増山均「子ども・子育て支援新制度と学童保育の現在・未来」日本学童保育学会編『学童保育』第5巻，2015年，7頁。

(9) 平塚真樹「なにが若者支援政策か」『教育』2012年3月号，国土社，17頁。

(10) プレイワークについては，次の文献を参考にしました。

　　プレイ・ウェールズ＆ボブ・ヒューズ著，嶋村仁志訳『プレイワーク―子どもの遊びに関わる大人の自己評価』学文社，2009年。プレイワーク研究会編『遊ぶ・暮らす　子どもの放課後にかかわる人のQ＆A 50―子どもの力になるプレイワーク実践』学文社，2017年。

(11) 筆者の把握している範囲では，「冒険あそび場」は，大妻女子大学や東京学芸大学，島根大学と島根県立大学で構成する学生団体などの実践例があります。「こどものまち」は相模女子大学，弘前大学らぶちるがそれぞれの地域で実施しています。

(12) この基準では，「児童厚生施設における遊びの指導は，児童の自主性，社会性及び創造性を高め，もつて地域における健全育成活動の助長を図るようこれを行うものとする。」と定められています。児童健全育成財団では児童厚生員2級・1級の資格を取得するためのカリキュラムを編成して人材を養成し質の向上を図っていますが，"らぶちる"においてはカリキュラムをそのまま準用することが不可能であるため，学生が地域社会に出て「子どもの遊びを指導するとは何か」について，問い直しながらの質の確保に努めています。

(13) 高橋の「自己形成空間」については，高橋勝『子どもの自己形成空間―共育哲学的アプローチ』川島書房，1992年。高橋勝編『子ども・若者の自己形成空間―教育人間学の視点から』東信堂，2011年を参考にしました。

2章
"らぶちる"の実践

らぶちるメンバー

1. "らぶちる"とは

(1) "らぶちる"の生い立ち

　学生・教員研究会「らぶちる——Love for Children」(以下, "らぶちる"と称す) は, 弘前大学の学生と教員で構成されている団体です。2012年12月に開催された「第58回子どもを守る文化会議」でのシンポジウムを企画するために集まった有志の大学生とおいちゃん (深作拓郎先生のらぶちるネーム) が立ちあげました。"らぶちる"は, メンバー全員にあるらぶちるネームで呼び合っています。私たち大学生の中には, 先生と学生, 先輩と後輩といった上下の人間関係が存在してしまいます。しかし, この意識はあくまで大人目線のものです。子どもからしてみたら, らぶちるメンバー全員がお兄ちゃん・お姉ちゃんです。らぶちるネームで呼び合うことで前述のような意識を子ども側に感じさせないよう配慮しています。

　さて, "らぶちる"は土台が全くないなかでスタートを切りました。そもそも, 子どもを守る文化会議そのものが手探りの状態でした。そこで, まずは主役である子どもについてみんなで考えることからはじめました。自分たちが中学生, 高校生だった頃に考えていたことは何だったのか, 子どもと大人の境目はどこなのかをみんなで話し合いました。また, おいちゃんのフィールドワークに参加し, 子どもとの関わり方を模索しました。

　そして, 弘前市で開催されていた弘前マルシェ FORET にて, 屋外で展開する"らぶちる"独自のあおぞら児童館を設置し, 段ボールや新聞紙を用いて遊びをつくり, 子どもたちと一緒に遊びました。遊びを通して子どもとの関わり方についての土台を少しずつ作っていきました。そして, その秋に行われた弘前大学祭では「らぶちる広場」という, 誰でも気軽に足を運べるカフェのようなスペースを設置し, 中高生と直接話をする場にしました。そこでは中高生の大人に対する不満や思いを引き出し, 「未成年の主張」というカードに書いてもらい, 彼らの思いを見える形にしました。"らぶちる"メンバーは, 中高生が感じていること

20　　2章 "らぶちる"の実践

や，大人に何を伝えたいのかを一緒に考えました。

　12月の子どもを守る会のシンポジウムでは，「らぶちる広場」で形にした「未成年の主張」をもとに，中高生の本音やつぶやきを劇という形にして発表しました。そして，青森県三本木農業高校の高校生4人，弘前市内の中学生2人，青森市子どもの権利条例制定に関わった高校生委員2人，そして“らぶちる”に所属する大学生16人で3つのテーマについて話し合いました。当日話し合われたテーマは，①干渉する大人，しない大人，②大人の対応が違うと感じる時，③大人って子どもとどうちがうの？　です。客席にいる参加者には「YES（赤）」「NO（青）」の札を配り，意思を表明してもらいました。

　私たち4期生以降はこの文化会議には参加していないため詳細はわかりませんが，おいちゃんや初期のらぶちるメンバーから話は聞いていました。経験者が誰もおらず，1からのスタートで“らぶちる”の初代メンバーはかなり細かく話し合いを重ねたのだろうな，という印象を受けています。結成からシンポジウムまでの道のりはとても険しかったのかなと思うのですが，おいちゃんや先輩にその時のことを聞くと，みんないきいきとした表情をします。困ったことや，メンバー同士でぶつかったこともあったようですが，「すごく楽しかった，思い出が濃すぎてあんまり覚えていないけれど，楽しかったことだけは覚えている」と話してくれます。文化会議の記録集を読んでみると，“らぶちる”が子どものことを真剣に考えていたことがわかります。シンポジウムの反省として，以下のようなコメントが“らぶちる”メンバーからあがっています。

　「シンポジウムの際，高校生を後ろから見ていると飽きている様子がうかがえました。それは，会場の大人たちが難しい発言をしていたからです。自分の意見を主張することに集中するあまり，子どもたちがいることを忘れてしまっているように感じました。私たちは，最初の段階で中高生がステージ上にいることを強く認識させ，意見をわかりやすくしていただけるよう求めるべきだったと思います。そうすれば，「大人」だけでなく，「子ども」も充実した時間を過ごせたと思います。」

　“らぶちる”が子ども（中高生）のことを中心に考えていたことがわかるコメン

トだと思います。さらに，子どものために自分たちができることを考え，次につなげようとしていることも読みとれます。おいちゃんや先輩たちが，結成当時のことを楽しそうに語るのは，「子どものため」というひとつのゴールに向かって，"らぶちる"メンバーが本音で関わり合いながら頑張っていたからではないかとおもいます。そして，子どもを中心に据えるという考え方は現在の"らぶちる"にも息づいています。

(2) "らぶちる"が考える放課後

らぶちるでは，子どもたちの放課後を「自由な時間」ととらえています。公園で木登りしたり，泥団子を作ったり，ひとりでぼーっとしたり，子どもがやりたいことを形にでき，学校や家庭の大人に管理されない，子どもだけの時間です。大人は効率性や生産性，安全性を重視しがちで，ついつい子どもの遊びに口を出してしまいます。木登りなら「危ないから登っちゃだめ」，泥団子なら「水の分量はこのくらいがいいよ」，ぼーっとしていたら「鬼ごっこに入れてもらおうよ！」というように。もちろん，大人のそういった視点が必要な時もありますが，私たちは結果ではなく過程を重視したいと考えています。どうやって登れば速いか，安全かをみんなで考えたり，失敗を繰り返しながら泥団子を作ったり，ぼーっとしながら気持ちを整えたり，そういった子ども同士の関わりの中に，学びや気づきがあると思うからです。

子どもの放課後を支援しつつ，子どもではない私たち大学生がどうやって関わっていくべきか。常に考えながら，話し合いや遊びの実践をしています。

(3) "らぶちる"が大切にしていること

> ◆らぶちるが大切にしていること
> 子どもが主体である
> 　子どもたちが繰り広げる世界を大切にする
> 広がりのある遊びを考える
> 　遊び方はひとつじゃない！「したい」遊びを大切にする

子どもたちとの距離感
　　子どもに寄り添い，子どもの声に耳を傾ける
　　子どもたちの世界に必要以上に介入しないようにする

　この３つを実現させるために，私たち "らぶちる" が大切にしていることを２つ紹介します。

①子どもの主体性を守る

　"らぶちる" では，「子どもの主体性を守る」ことを大切にして遊びを企画しています。今でこそ自分たちなりに「子どもの主体性」について考え，言葉にすることができていますが，"らぶちる" に入った当初は困惑しました。「主体性って何？　子どもが主体ってどういうこと？　普通に遊べばいいじゃん。」という感じでした。「子ども主体」という言葉が意味することを理解できなかった，と言った方が正しいかもしれません。当時の私たちは，「子どもが好き」と口では言いつつも，実際は「遊ぶのが好き」なだけだったように思います。つまり，そこに子どもがいようがいまいが関係なく，大学生の私たちが楽しめるかどうかが大事だったのです。

子どもの主体性を守るつもりが「私」主体に…

　そのことを痛感した出来事がありました。2013 年 12 月に弘前市の南隣，大鰐町立中央児童館が主催したクリスマス会でのことです。私たち "らぶちる" は，クリスマス会に来る子どもたちのために遊びを企画しました。テーマをクリスマスに絞って考え，あるアイディアが頭に浮かびました。「米袋をえんとつに見立てて，そこに両足を入れてぴょんぴょん飛べば面白いのでは!?」というアイディアです。実際に作成してみて，「ぐらぐらするから面白いし，サンタさんになったみたいで面白い！」と思いました。しかし，クリスマス会に持って行った結果は，大不評でした。未就学児から中学生まで，このえんとつに見立てた米袋で遊ぶ子どもはほぼいなかったのです。私たちは子どもが遊ばない理由が理解できず，何度もこの米袋のえんとつで遊ぶよう子どもたちを誘いました。そして，子

1. "らぶちる" とは　　23

どもが怖がっていることに気づきました。子どもの目線に立って米袋のえんつつを見ると，その理由がよくわかります。米袋は胸の下まであります。そもそも入りにくいし，入ってしまえば腕も足も，身体全体の自由が利かなくなるのです。怖いにきまっています。確かに私たちは，遊びを一生懸命考えましたし，クリスマス会当日は子どもと一緒に遊びました。しかし，その遊びを考え，イメージした時，常に中心になって楽しんでいるのは他でもない「大学生」で，子どもは「ただそばにいる人」だったのです。

4期生Zさんのエピソードを紹介します。

　僕は"らぶちる"に入った当初，"らぶちる"は主体性を大事にしているという説明を受け理解したように思っていました。らぶちるじどうかんの反省会で「子どもたちの世界に入りすぎている」とメンバーから指摘を受けました。僕は子どもたちの居場所になりたい，寄り添いたいと考えるため，子どもたちの熱気や緊張感（ボルテージやテンション）に合わせることで子どもたちの世界に馴染もう，溶け込もうと考えます。しかしこれが先ほどの指摘にあったように，子どもの世界に介入しすぎることで「"らぶちる"の考える子どもの主体性」を損ねてしまっていました。理解したつもりになっていた「子どもたちの主体性」ですが大きな離齬があったことに気がつきました。いまでも「子どもたちの主体性」を損ねず，居場所になることはできないだろうか，そもそも居場所になりたいという考え方自体がおこがましいのだろうかなどと自問自答を繰り返しています。そもそも正解はないのかもしれませんし，あったとしても一人ひとり違うものかもしれません。

子どもの主体性を守ることは子どもの世界を守ること

　"らぶちる"メンバー一人ひとりに似たようなエピソードがあります。にがい経験を経て私たちは「子ども主体で遊びを考える」ということについて，より真剣に考えるようになりました。今，私たちが思う「子どもの主体性を守る」こととは，「子どもの世界を守る」ことです。子どもの目線で遊びを考えるのはもちろんのこと，実際に子どもを目の前にした時に，大人が介入せず，根気強く見守ることです。大人が介入しなくても，子どもたちは自らの力で課題を見つけ，解

決することができます。また，大人が解決すべき課題だと考えていることも，実は子どもたちのなかではたいした問題ではないこともあります。子どもを見守る大人として，彼らの安全には十分留意しなければなりませんが，彼らの「やりたい！」という気持ちをつぶさないよう，安全管理とうまくバランスをとることが大切だと思います。私がこのように思えたのは，"らぶちる"の活動に参加できたからです。具体的には，後に続く実践の報告者がより詳細に，伝えてくれることでしょう。

　今も，「子どもが主体」ということを忘れてしまうことがあります。自分の都合で遊びを簡易化してしまったり，子どもの世界を壊してしまったりします。子どもと接するときはいつも手探りで，「もっとこうすればよかった……」と反省することも毎回ですが，子どもを見ていることが楽しいと思えるようになりました。仲間と企画した遊びで子どもたちが笑顔になったり，驚きや発見をして心を動かしてくれたりすることや，"らぶちる"の想定を超えて遊びが進化していく様を見るのが楽しいです。以前は遊ぶこと自体に楽しさや面白さを見出していましたが，今は遊んでいる子どもを見ることのほうが楽しいですし，そんな子どもの姿を見ることが好きだと感じています。

　また，「子どもが主体，子どもが主体……」と意識しすぎてしまい，面白さやわくわく感を度外視した遊びを企画してしまうこともあります。遊びを企画するという面では"らぶちる"も活動の主体ですし，まず私たちがわくわくする企画を考えるということも重要です。遊びのなかでさまざまに変化する子どもの表情や，子ども同士の関わりには，言葉では言い尽くせない面白さと魅力があります。そういった子どもの姿を見たいという想いが，"らぶちる"を駆り立てているのだと感じています。

　子どもの主体性について，"らぶちる"ではこれからも話し合いが続くことと思います。なぜなら，"らぶちる"メンバー一人ひとりによって考え方が変わってくるものですし，正解はないからです。私もずっと考え続けることだと思いますし，他のメンバーもそうでしょう。私たちは，そうやってみんなで顔を合わせて模索し続けることが重要だと考えています。"らぶちる"の持ち味は，顔を突き合

わせての話し合いにあります。話し合いで，ひとつのイベントに対する，あるいは子どもに対するお互いの考えや想いを共有しているからです。これは，実際に遊びを創作する前の段階にあります。

②話し合いを大切にして想いを共有する
とことん・じっくりと話し合う

"らぶちる"では，じっくりと話し合い，想いを共有する過程を大切にしています。「らぶちるじどうかん」での遊びなどの企画をはじめ活動の準備の過程ではたくさんの話し合いを重ねます。

その話し合いでは，活動を行う意義や，その活動への意欲などをしっかりと確認し合うことからはじまります。子どもの主体性を大事にするには，子どもの目線に立って考える必要があります。子どもたちはどんな反応をするのだろうか，子どもたちが本当に楽しめるのだろうか，子どもたちはどんな遊びを作っていくのだろうかと，じっくりと話し合うことで想像を膨らませていきます。

しかし，言葉では共有しているつもりでも，メンバー間でイメージの誤差が生じてしまうこともあります。特に活動の場面では，実際にどうやって遊ぶのか，遊び道具の配置はどうするのかなど，丁寧に話し合って決めていかなければ，混乱してしまう可能性があります。そのためにも，お互いに考えていることを伝えあい，また，疑問点を話し合いのなかで解決していきます。話し合いを進めていくと，前回の話し合いで決まった内容であっても，もう一度検討する必要が出てきたり，変更点が出てきたりすることもあります。話し合いを大切にすることが想いを共有することに繋がっていきます。

たくさんの話し合いを重ねていく過程で，本番に反映されなかったアイディアもあります。しかし，それらの反映されなかったアイデアは決して無駄ではなく，とても大切なことであると考えています。その話し合いがあったからこそ，新たな考えや，他の発想が出てくることもよくあります。

そこで私たちは，話し合いの結果だけではなく，過程に関しても詳細に記録し，全体で共有しています。活動の際には毎日の話し合いの内容を残す，「らぶ

ちるノート」と呼ばれるものがあります。活動に参加できなかったメンバーにも話し合いの内容と過程がわかるように、ノートに残しています。このノートには、どんなことで悩み、何を考えたのかということが飾らない素直な言葉でつづられています。だからこそ、「なぜこういう遊びに決まったのだろうか？」と話し合いの途中で疑問にあがった際にも、ノートを見返すことで、立ち返ることができます。このようにメンバー同士の話し合いを重ね、過程を大事にすることで活動を練り上げていくのです。

話し合うことは子ども観を深め合うこと

"らぶちる"での話し合いは、活動に向けての企画、準備、運営に関することだけにはとどまりません。とことん話し合うことで、"らぶちる"の「子ども観」を深め合い、子どもへの姿勢やその活動に込める想いを共有していきます。とことん話し合うので、同じテーマで1週間議論が続くこともあれば、メンバー同士の気持ちがぶつかって喧嘩になってしまうときもあります。腹が立って、怒鳴ったり喚いたり、泣いたりします。まれにおいちゃんとぶつかることもあれば、おいちゃんの意見を「いやいや」とはねのけることもあります。このシーンを目撃した外部の方は相当驚くようです。

ですが、そういった話し合いやぶつかりあいがあるからこそ、私たちは、「本気」になって、子どもと地域に向き合い、子どもたちの「○○したい」「○○したら面白そう」に寄り添いたい、そのためには、子どもに対してどう関わっていくか深めあう大切な機会になっています。そうやってお互いに子ども観を深めることが"らぶちる"らしさです。それは、一朝一夕でできることではありません。信頼し合える仲間、ほっとできる空間、初代のらぶちるメン

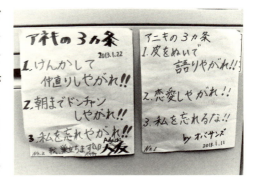

1. "らぶちる" とは　　27

バーから脈々と受け継がれてきた精神があるからこそだと考えています。

(4) "らぶちる"の拠点

最後に、"らぶちる"の拠点についてお話します。"らぶちる"の活動拠点は深作研究室、つまりおいちゃんの研究室です。授業の空コマや放課後に集まり、お茶やお菓子をつまみながら活動しています。研究室での〜んびりお菓子を食べていると研究室に来室された学内の先生方やお客様に大変驚か

れ、「何遊んでるんだ？」と怪訝な顔をされることもしばしばです。しかし、怪訝な顔をするのはまだ早いのです。"らぶちる"メンバーは活動がない日でも研究室に行きます。そこでボーっとしたり、勉強をしたり、ご飯を食べたり、自由に過ごします。勝手にお茶を沸かして飲んだりもします。研究室は、好きな時に好きなだけ居られる場所です。この、好きな時に好きなだけ、という特性が"らぶちる"の活動を支えています。"らぶちる"では話し合いが多く、企画しているイベントが近い時期は毎日話し合いということもあります。当然、毎回参加できるメンバーは限られてきます。1回の話し合いでイベントの内容ががらっと変わることもあり、一度休むと次の話し合いについていけないということもよくあります。そういった場合、私たちは研究室に行くようにしています。"らぶちる"では、毎回の話し合いをまとめた「らぶちるノート」があるので、それを見たり、研究室にいるメンバーにわからないことや気になったことを聞き、話し合いに参加できなくても活動に参加できるよう心がけています。好きな時に行ける研究室だからこそ成り立っている情報共有の仕方だと思います。

執筆：中田新子（ちーちゃん）・今梨沙（りさちー）・山口大空（ひろろ）

2. らぶちるじどうかん

(1) はじめに

　"らぶちる"は年に数回，「らぶちるじどうかん」（以下，「じどうかん」）を開きます。「じどうかん」は，私たちがつくった遊ぶものを設置した場です。そこに主に小学生が多く訪れ，各々好きなように自由に遊びます。

　初回の「じどうかん」は2012年10月でした。弘前市中心部の遊歩道で開催されていた「弘前マルシェFORET」という青空市場のブースを借用して，子どもたちとあそぶ機会を設けました。この体験から，遊びを通じて子どもたちのことをもっと理解したいという気持ちが強くなり，「じどうかん」が"らぶちる"の活動の大きな柱のひとつになりました。

　「じどうかん」で行う遊びはさまざまですが，代表的なものにダンボールに新聞を敷き詰めた新聞プールや，キャップを敷き詰めたキャップの湯などがあります。らぶちるのあそびはきれいに遊ぶことを前提としていません。たとえば新聞プール。新聞プールは新聞の中に体をもぐらせて遊ぶだけではなく，天井に向かって新聞を舞い上げたり，相手に向かって投げたりします。腕いっぱいにちぎられた新聞を抱えて飛ばすため，当然ちらかります。それをわかっていながらも，らぶちるは新聞プールを遊びとしてだします。それは子どもが楽しく遊ぶということ，広がりのある遊びであることが理由です。この理由の中に，大人の都合が入っていないことがらぶちるらしさでもあります。散らかるからという理由でボツにするのではありません。子どものことを第一に考える，らぶちるの姿勢が出ていると思います。

　「じどうかん」にはさまざまな人が来ます。偶然通りかかった学区が異なる子どもや親子づれ，散歩途中の高齢者も楽しそうに見学していきます。じどうかんではどんな子どもも受け入れます。遊ぶなかで子どもたちは普段できない遊びをすることで純粋に楽しむだけではなく，遊びを通して"らぶちる"メンバーや他

の子どもと関係を築きます。一緒に過ごすうちに，普段の学校の愚痴や不満に思っていることを出していきます。そうするなかで遊ぶ場から自分が居たい場になっていくと思います。現に"らぶちる"がまた来てくれるのを楽しみにしているという声が聞こえてきています。

（2）じどうかんをつくる過程

①企画段階

"らぶちる"では，メンバーが研究室に集まり直接話し合いをし，内容や日程を決定していきます。

まず毎回「じどうかん」全体のコンセプトを決めます。たとえば12月開催の場合は，冬やクリスマスにちなんだ遊びをつくります。そこから関連するワードを出し合い，遊びにできそうなものを考えていきます。

日程は，土日のどちらかで，昼過ぎから夕方までです。より多くの子どもたちに来てもらうために，学校が休みで，かつお昼ご飯を食べた後から晩ご飯前までにしています。

そして遊びのなかには「動」の遊びと「静」の遊びを両方設けます。「動」の遊びは子どもが元気に動いて賑やかとなるような内容，一方，「静」の遊びは心と身体を落ち着つけて遊べる内容です。両方を設けることで，遊び疲れた子どもが一旦落ち着いたり，「動」の遊びが苦手な子が「静」で遊ぶことができたり，どんな子どもも来られるようにしています。

遊びを考える過程で，子どもが遊ぶイメージをし，危険を予め回避した遊びや遊び場にしていきます。そのため事前に遊びをつくる場所に行き，広さや場所の特徴を把握します。たとえば，屋外で「じどうかん」を開く場合は，道路に面した場所かどうか交通量はどのくらいかや休めるような日陰はあるかどうかなどを確認していきます。

また遊び全体の配置を考え，遊びで場所が埋まり全体が窮屈にならないように，間隔をあけて配置します。「静」と「動」の役割が機能し，それぞれの遊びが混ざらないように配置しています。

周知の方法は，主にチラシ配布です。チラシには，その回の遊びのテーマの中身やおおまかな内容，日程や持ち物などのほか，“らぶちる”の団体紹介を記載します。屋外で「じどうかん」を開く場合は，開催場所周辺のポストに自分たちで投函しに行きます。投函する日は，子どもが見ても忘れないように一週間前から2，3日前にしています。

②広がりのある遊びづくり

　遊びは，決まった遊び方やルールがある遊びではなく，“広がり”がある遊びをつくります。“広がり”とは，子どもたちが遊び方や遊びのルールをつくったり，変えたりすることができる変化や発展を意味します。そして，遊びの内容だけではなく，遊ぶ道具についても，話し合いで決めていきます。高さ，深さ，使う材料などを子どもが遊ぶときのことをイメージしながら，適したものを選び，つくります。広がりがある遊びを考えることは非常に難しいです。遊び方が限られる遊びが多く，企画した遊びも結局広がらなかったこともあります。広がりがある遊びをなぜつくろうとしているのかというと，“らぶちる”が大切にしている子どもの主体性が大きく関係しています。すでに遊び方が決まっている遊び場は，子どもがより面白くつくり変えていくには限界があります。遊ぶもの（たとえば新聞紙，ダンボール）を使ってどんな遊びにするか，どんなルールにするかを子どもたち自身が考え決めていきます。自分たちで決められるという余白をもった遊びを“らぶちる”が設けることで子どもの主体性を保証しています。ルールのない遊びには，子どもからの自発的な「こうしたい！　やってみたい！」をたくさん生じさせる要素があります。そして，遊ぶものをつくった私たちの想像をはるかに超え，見ているだけでわくわくドキドキするような変化・進化する広がりのある遊びになっていきます。

　実際に試作もしてみます。たとえば，成分を調べて実際にシャボン玉液を作り，シャボン玉を作る道具もつくり，実際にやってみます。シャボン玉がつくれる液や道具になったのか，どこがだめだったのか等，何度も試行錯誤を繰り返して練りあげていきます。

　2015年12月に開催された大鰐町の中央児童館と母親クラブが主催するクリス

マス会でも「らぶちるじどうかん」としてブースを出しました。そのときの遊びを作る過程が二転三転したのを覚えています。最初はクリスマスらしい遊びを作ろうという話になり，ダンボールの中に入ってゴロゴロ進む「ダンボ虫」にトナカイの絵を描くという案や，巨大なアーチ形のトンネルに綿で作った雪をつるしたものを置いておくという案などが出ました。しかし「遊びに広がりがない」という理由から没。次に考えたのはダンボールをつなげて作る長いトンネルの遊びです。話し合った結果，中に子どもが入って四つん這いで走ったりすることも休んだりすることもでき，遊びの広がりもありそうだということで早速着手しましたが，実際にダンボールをつなげてみたところダンボールが圧倒的に不足していることと，ダンボールのトンネルだと中が見えず危険であることに気づきもう一度構造を再考。結果，ダンボールはトンネルの関節部分にのみ使い，トンネルの大部分に呼吸孔をあけた大きめのビニール袋で構成することになりました。その後は短い準備期間のなかで大規模なトンネルを組み立てる作業に徹しました。そのなかで，最初に没になったアーチトンネルの案で出た飾りをトンネルの入口につるすことにしたり，クリスマスらしさを出すためにダンボール部分に折り紙で作ったサンタや靴下の飾りを貼りつけたりと，"らぶちる"メンバーの小さなアイディアを加えつつトンネルは完成しました。

　当日は，四つん這いになってトンネル内で熾烈な追いかけっこを繰り広げる子もいれば，トンネルの中からのんびり外の風景を眺めている子や，トンネルを秘密基地にしている子がいたり，ほかの遊びを持ち込んでしばらく中で遊ぶ子もいました。トンネルという密室性がある遊びでしたが，子どもたちは，思い思いに遊びきってくれました。

　こういった感じで，"らぶちる"は本番だけでなく，遊びを創る過程も大事にしています。子どもたちが楽しく遊ぶために話し合いを重ね，企画の段階から時間をかけて取り組んでいます。遊びの広がりや安全性などを考え，試行錯誤しながら作っていきます。遊びづくりを始めてからも，作ってみて安全性が怪しかったり子どもの主体性が見られなさそうであれば大きく変更を加えたり，あそび自体が没になってしまうこともありますが，めげずにがんばっています。

(3) らぶちるじどうかん本番

　2016年9月に開催した「じどうかん」を紹介します。この回では初の試みとして水を使ったプールの遊びを用意しました。結果的にプールは最初から最後まで人が絶えない大盛況の遊び場になっていました。大きいプールに浮かべておいた風船を使っていつの間にか"らぶちる"メンバーを交えた水上ドッジボールが始まっていたり，水を掛け合ってびしょ濡れになってはしゃいだりしている様子が見られました。また，膨らんだ水風船を水の中で踏みつけて，「すごい！地上と感触が違う！」と驚いていた子もいました。動の遊びとして大きいプールを作っていたので，風船の感触を楽しむというどちらかといえば静の遊びともいえる遊び方を発見したことにこちらも驚きました。これがまさしく，らぶちるが大切にしている「子ども自身が遊びの過程を展開し，主体性を発揮する」ということを実現した内容といえます。

　他にも，「じどうかん」で行った遊びでは，新聞プールやペットボトルキャップ遊びなどがあります。

　新聞プールは千切りした新聞を段ボールの囲いの中に敷き詰めたものです。ここでは，新聞を上に舞い上げ，その下で落ちてくる新聞の雨を感じたり，新聞の中に全身潜り，新聞の感触を感じたりしています。新聞の中に宝を隠し，宝探しをしたりしている子たちもいます。新聞を腕の中いっぱいに持ち，投げ合うときもあります。時には新聞紙に載っている顔写真を見て楽しんでいる子もいます。

　キャップ遊びは，ざるを使い

キャップをすくったり，キャップに書いてある絵や貼ってあるシール，キャップの色で「レア」なキャップを集めたりしています。ある子どもは紫色のキャップだけを集め，ブドウ味の飴に見立てて，"らぶちる"メンバーにあげていました。キャップを使って絵を描く子もいます。

　ここでも子どもたちの遊びの広がりが見られました。

（4）子どもとのかかわり方

　"らぶちる"は「子ども主体」がモットーです。遊びを作る過程であっても，実際に子どもたちと一緒に遊ぶ時であっても，「子どもがどう思うか」，「子どもはどうしたいか」を常に考えて行動するように心がけています。

　「じどうかん」でも，私たちはそのモットーを忘れないように行動していました。遊びを作っているときに出てきた「子どもたちはこうして遊んだりするのではないか」というイメージが自分のなかにあってもそれを子どもたちに無理に押しつけず，あくまで子どもがその遊びでどう遊びたいのかを大事にしました。子どもたちと楽しく触れ合うなかで，"らぶちる"が大人としての過度な介入をしてしまわないように気をつけています。もちろん子どもたちのいきすぎた喧嘩や，してはいけないことをしているときは間に入って話を聞いたりするようにしています。あくまでも子どもたちのやりたいことやその瞬間の気持ちを尊重するためにしています。

　私たちが創作した遊びに対して，子どもたちが興味を示さないこともあれば，気づかないこともあります。だからといって，その遊びを執拗にすすめたりはせず，"らぶちる"メンバーが実際にそれで遊んで，子どもが自分から「この遊びで遊んでみたい」と思うきっかけを作ります。また，ほかの遊びに夢中な子たちに，ほかにも遊具があることを気づかせる工夫をしていました。

　こういった関わり方をすることによって，子どもたちによる遊びの広がりもより見られるようになります。子どもたちが本当にやりたいことができる遊び場を目指すために，"らぶちる"は普段の活動のなかで，子どもたちとのかかわり方を考える時間を設けるようにしています。

34　　2章　"らぶちる"の実践

(5) おわりに

　「じどうかん」を通して，子どもたちのもつ独特な感性やあそびのひろがりなどを感じて楽しい反面，後日の反省会では改善点もたくさん出ます。前述した2016年9月の「じどうかん」では，事前にポスティングしたチラシを子どもたちが読んでいる前提で考えていましたが，実際はチラシを見ていない子もいたため結果的に着替えなど水遊びの準備などが足りていなかったこと，思ったよりも気温が上がらず，プールからあがって寒そうにしている子どもたちへの対処がきちんとできていなかったこと，"らぶちる"メンバーが見ていたとはいえ，かき氷のシロップを使った色水に誤飲の可能性があったことなど，子どもたちと安全にこれからも遊ぶために直していかなければならない点が多く挙げられました。反省の時は少々辛辣な意見も飛び出ることがありますが，それを聞いてへこむだけで終わらせるのではなく，次の"らぶちる"の活動にどうつなげていくかも考えます。今回の反省を踏まえて，当日の朝の天気予報を確認するようにする，甘い香りなどがしない食紅などを使うなどして誤飲をしない工夫をする，チラシを読んでいない子どもや飛び入りで来た子どもたちのことも想定して"らぶちる"も持ち物の準備を余分にしておくなど，次の活動をよりよいものにするための案が出ました。

　また，「じどうかん」には，さまざまな地域から多年齢の子どもが訪れます。このなかには，さまざまな課題や悩みを抱えている子どももいます。どんな子どもも楽しくあそべる居場所づくりについてもっと考えていくべきという意見も出ました。遊びのイベントを終えて，「楽しかった」だけで終わるのではなく，次のイベントをより楽しく安全に行うためにその後の反省も大切にし，丁寧に行うようにしています。

　私自身も，ほかのらぶちるメンバーも，「じどうかん」で子どもたちの「遊びに来るか迷ったけど来てみたら楽しかった」，「今日来てよかった」という声を聞きました。らぶちるじどうかんがたくさんの子どもの楽しい遊び場，そして居心地のよい場所になるようにこれからも精進していきます。

執筆：浅原夏希（つっきー），川原田明梨（だーはら）

3. ちびっこ海賊の佐井村まち探検

(1) きっかけ──佐井村ちびっこ海賊団誕生

　佐井村は，青森県北部の下北半島北西部沿岸に位置する人口約 2,100 人の村です。600 ～ 800m 級の山々に周囲を囲まれ，集落は海岸線に沿って 8 集落が，山間部に 1 集落が点在しています。江戸時代にはヒバの産地および積出し港として，また，北前船寄港地として栄えました。林業・ウニやわかめなどの漁業が主産業で，国指定の名勝・天然記念物に指定された「仏ケ浦」を中心に，福浦地区の漁師によって継承されている「福浦歌舞伎」や京都の祇園祭のながれを汲むといわれる箭根森八幡宮例大祭など伝承文化も盛んです。

　村内には，村立保育所が 1 か所，小学校 3 校，中学校 3 校が設置されていますが，福浦地区と牛滝地区は小・中併設校となっています。高等学校は隣接する大間町にある県立大間高校へ通学するか，もしくはむつ市や青森市などの遠隔地に進学する生徒もみられ，その場合は通学が不可能なため村を離れ下宿等をしているようです。大学生などの若者や村の外から来た人と関わる機会も少ない環境にあります。

　そのような佐井村には，子育てに励むお母さんたちが集まるサークルがあります。「子育てサークルぽぷり」（以下，"ぽぷり"）です。首都圏から佐井村に嫁いできた女性たちを中心に，保育所入所前の子どものいるお母さんたちの居場所づくりを目的に，2012 年に設立されました。はじめは 6 名ほどで活動していたそうですが，現在は 3 ～ 4 名で細々と活動しています。

　"ぽぷり"と，"らぶちる"の出会いのきっかけは，「絆でつながる家庭教育支援講座」でした。村の教育委員会に赴任した派遣社会教育主事の藤井健さんの誘いによって，"ぽぷり"が参加した青森県総合社会教育センター主催の講座です。それまで他の団体との交流が乏しかったようでしたが，これがきっかけとなって自分たちも積極的に他の団体と交流しながら活動したいと藤井さんに相談し，

藤井さんからおいちゃんに話がきました。藤井さんからは"ぽぷり"からの要望として，地域の小学生を集めて「まち探検」のような活動をしたいので，具体的な支援をしてほしいと伝えられたそうです。そのような経緯を"らぶちる"はおいちゃんから相談され，「ぜひ一緒にやってみたい」とお返事をし，「ちびっこ海賊の佐井村まち探検」を企画することになりました。

実は，はじめのコンセプトは「ねこの探偵団」でした。おいちゃんの研究室の書棚にある『まちを遊ぶ　まち・イメージ・遊び心』（遊び・劇・表現活動研究所〈アフタフ・バーバン〉編，晩成書房，1993 年）という本にねこに扮したまち遊びが紹介されていました。また，かつておいちゃんが関わった「月猫えほん音楽会」（能祖雅夫作・演出　東京青山円形劇場などで開催）も参考にしました。さまざまな案が出てきたなかでも，"らぶちる"が一番に大切にしたいと思ったのは，地元の資源を活用するということでした。佐井村にはきれいな海があるので，この海を活かしたいと考え，「海賊になってまちで遊ぼう！」という話になり，佐井村にちびっこ海賊団が誕生したのです。

(2) 子どもたちの気づきのために

佐井村の子どもたちに，遊びを通して，仲間と協力して目的を達成する楽しさを味わってほしいという願いを持って，まち探検の遊びを考えました。いつもは一人，あるいは少人数で遊んでいる子どもたちに，異年齢の子どもと関わり，複数人で協力し支え合って遊ぶ機会をつくりたいと思いました。また，まち探検を通して村の良さに気づいたり，新たな発見をしたりできるようにすることも，目標のひとつとしました。普段何気なく通る道でも，仲間と一緒に探検することで，何か新しいものに気づき，村の良さを感じて欲しいという思いがありました。

(3) より探検をたのしむために

まち探検を行うにあたって，海と深い関わりのある佐井村の特徴を生かし「海賊」をコンセプトとしました。その内容は世界中を旅し拠点を佐井村に置いている大海賊が手下の海賊団を毎年募り，子どもたちは毎年海賊団に入団し，仲間と

まち探検をするというものです。毎年同じ面々になるとは限らないのでまずはアイスブレイクをします。知らない子がいても，アイスブレイクをすることによって，少し緊張が解けたり打ち解けたりすることができます。ちびっ子海賊団は海賊らしさを出すため服装をボーダーにする，バンダナを身につけるなどをします。"らぶちる"も準備の段階から地図やお宝，宝箱，ミッションを地図っぽく作る，大海賊の衣装も眼帯や海賊帽，サーベルを持ってもらうなどしました。また，チームごとに各々の名前の入ったタトゥーシールを貼ったり海賊の旗を作成したりもしました。

　まち探検を行うにあたって，いくつか気をつけた点があります。"らぶちる"でいつも気をつけている子どもの主体性を大事にすること，子どもの目線に合わせて屈んでお話しすることなどに加え，各々が重要な地点を把握することです。車通りの多い場所や子どもがすぐにトイレを借りられる場所，まち探検に使うなぞなぞの地点など実際に現地に足を運んで確認しなければわからないことだらけでした。海賊団のチーム分けの仕方にも工夫があります。兄弟の距離感によって同じチームにしたりあえて違うチームにしたり，仲のいい子同士のチームは別にして他の子とも関わりを持ってもらうなど人間関係を考慮しながら決めていきました。これらについて配慮できたのは一緒に活動した佐井の方々，子どもを見守っていくような雰囲気を作り出している村全体のおかげです。

(4) まち探検本番
① 1年目（実施日 2013 年 10 月 12 日）

　まち探検を企画するのは初めてだったので，探り探り準備をしていきました。

　準備は 8 月から始まりました。"らぶちる"メンバーで佐井村に行ったことがある人が誰もいなかったので，まち探検の規模や佐井村の名物などがわからず，実際に行ってみないとわからないことに気づき，事前調査に行くことになりました。調査では，村の名所や，探検のチェックポイントになりそうな場所を調べ，写真を撮ってきました。

　チェックポイントごとにミッションをつくり，ミッションを示す暗号も考えま

3年間のまち探検の概要

	1年目（2013年度）	2年目（2014年度）	3年目（2015年度）
テーマ	ちびっこ海賊が佐井村に出没	仏ヶ浦で秘宝の水と薬を探せ	ちびっこ海賊と謎の地図
期日	2013年10月12日(土)	2014年10月11日(土)	2015年10月31日(土)
場所	佐井村佐井地区	佐井村福浦地区（仏ヶ浦）	佐井村佐井地区
参加者数	小学生30名，高校生2名，現地スタッフ6名	幼児・小学生35名，中学生4名，現地スタッフ9名	幼児・小学生36名，中学生5名，高校生1名，現地スタッフ11名
概要	村内の要所を巡りながら，数々のミッションをクリアして，お宝をゲットするというストーリーで実施した。当日は風が強く小雨が降る悪天候だったが，約30名の小学生たちが元気に村内を駆け巡り，最後は海賊の「お宝」を発見した。	村の名所である「仏ヶ浦」を舞台に，病気になった大海賊を助けるために秘宝の水（実在する霊水）と薬を探しに行く！ というストーリーでやさしく探検をした。さまざまなミッションをクリアして，最後は水と薬を手に入れることができた。	「大海賊のひ孫が見つけた謎の地図を解き明かす！」という内容で，村史にある写真を手掛かりに昔の村内の様子を学びながら探検を繰り広げた。謎を解き明かして完成させた4枚の地図を合わせると「4031」という数字が…。

した。たとえば，「しおさい橋へ行く。」というミッションを表す暗号は，盛り塩の絵とサイの絵を組み合わせたなぞなぞにしました（写真参照）。

"らぶちる"の遊びはほとんどが手づくりです。ミッションの紙の他にも，地図や宝箱，宝などをつくりました。海賊らしさをだすために，まち探検には地図があったほうがいいという話になり，地図もつくりました。後述しますが，海賊らしさを出すための工夫があちらこちらに隠れています。

子どもたちや"らぶちる"，"ぽ

ぷり"の動き，当日の流れなども考え，企画書としてつくり，何度もつくり直しました。佐井村の方とは，メールでのやりとりが中心でしたが，下見のときに直接お話をする機会もありました。まち探検の前日に村役場に探検に関わる人が集まって，打ち合わせを行い

ました。子どもと関わるうえでの注意や，事故やけがの防止のために気をつけるべきことなども確認しました。

　当日は，津軽海峡文化館アルサス（以下，アルサス）の裏にあるしおさい公園に，村内の小学1年生〜6年生の子どもたち約30名が集まりました。受付で子どもたちは，自分の名前の書かれたガムテープを名札として渡されます。名札は色分けされており，色によって自分がどのグループかわかります。子どもたちは，全員が揃うまで，おにごっこなどをして遊んで待ちます。子どもたちは初めは緊張した面持ちでしたが，体を動かしてみんなで遊ぶうちに，次第に心も体もほぐれて，笑顔になってきました。子どもたちが揃うと，"らぶちる"の紹介やアイスブレイクが始まります。まち探検をするにあたって，安全に楽しく行うための注意事項も，"らぶちる"から子どもたちへ伝えます。その間に，チェックポイント担当の人は担当場所へ移動し，子どもたちに渡すヒントなどの準備をします。

　まち探検のストーリーは，佐井村にいる大海賊が無くしてしまった宝箱の鍵を，ヒントをもとにさがしに行くというものです。4つのグループに分かれた子どもたちは，大海賊から宝の地図とヒントを受け取り，それぞれなぞ解きをし，隠された鍵を見つけていきま

す。謎解きをしているときは，どの子も真剣な表情です。問題が難しいときは，高学年の子が低学年の子にヒントをあげて一緒に考えていました。謎が解けると,「あ！ わかったぞ！」「この場所知ってるよ！」と，キラキラした表情で次の場所へ向かいました。鍵を見つけると,「宝箱がしおさい公園にある。」というヒントが書かれており，謎を解いた子どもたちはしおさい公園へ向かいます。最後の宝は，少し難しい場所に隠しておきました。子どもたちは「この場所にあるはずなのに」「絶対あるぞ」と，あちらこちらを探します。船の形をした遊具の中に宝箱はありました。見つけた子どもたちは，歓声をあげながら宝箱を高く掲げました。宝は，キラキラ光るビジューがついたブローチです。一人ひとり嬉しそうに宝を身につけたり，周りの人に見せたりしていました。たくさん歩いたのでぐったりしている子もいましたが，探検を終えた子どもたちは，ブローチよりも輝いていました。「また来年もやるの？」と，嬉しい言葉もかけてくれました。

② **2年目（実施日：2014年10月11日）**

2回目のまち探検は，1回目の反省の時に話題にあがった仏ヶ浦が舞台でした。佐井村には，仏ヶ浦と呼ばれる観光名所があります。不思議な形の大きな岩や石が約2kmにわたって続く，下北半島を代表する景勝地です。普段の生活では見ることのない景色が広が

り，探検にはぴったりの場所です。不思議な形の岩を生かすために，ミッションも仏ヶ浦の岩にちなんだものにしました。

アルサスに集合した子どもたちは，大海賊が映っているビデオレターを佐井村のキャラクター"うんたん"から受け取ります。ビデオレターは，大海賊が病気になってしまったので，仏ヶ浦にある伝説の薬と「不老長寿の水」と呼ばれる湧水をちびっこ海賊団に取りに行って欲しいという内容でした。子どもたちは，

大海賊を助けるために仏ヶ浦へ向かいます。

仏ヶ浦に着くと，団結をかためるために各グループオリジナルの旗をつくります。名前や絵を描き，思い思いの旗をつくりました。薬にたどり着くまでのミッションを受け取り，それぞれの旗を掲げて，探検に出かけます。

でこぼこした岩が多く，足場がとても悪いところもありました。子どもたちは協力して，チェックポイントを巡っていきます。未就学児もいましたが，高学年や中学生の子が歩くのをサポートする姿が見られました。

1回目のまち探検から参加しているN君が，2回目も参加してくれました。足を怪我してしまったらしく，松葉杖をついての参加でした。はじめは活動できるのか心配でしたが，同じグループの子たちがN君の手助けをし始めました。歩くときに支えてあげたり，ヒントの紙をひらく係を分担したり，みんなが楽しく活動できるように，自分たちで工夫していました。N君は最後まで参加することができ，とても楽しそうな表情でした。

仏ヶ浦の奥の，「極楽浜」と呼ばれる岩で囲まれた空間に皆が集まります。各グループが持っている白い画用紙が薬のありかへの重要な鍵になるようで，頭を突き合わせて話し合っていました。岩のすき間には，「不老長寿の水」と呼ばれる湧水が流れています。子どもたちがそれを湧水に浸すと，「わ」「れ」「め」という文字が浮かび上がってきました。実は種明かしをすると，それらの紙は，石鹸水で文字を書いて乾かした画用紙でした。乾くと文字は透明になり，何も書い

ていないように見えますが，水などに浸すと書いたものが浮かび上がる仕組み
です。「われめ」というヒントを得た子どもたちは，岩の隙間へ駆け寄り，つい
に伝説の薬が入っている小瓶を手に入れることができました。見つけた子が「見
つけたぞーーー！」と薬を手に持って高く掲げ，それを見ようと，他の子どもた
ちもぎゅうぎゅうに集まります。

　薬をみつけると，大海賊に渡すために浜辺に戻っていきます。浜辺に戻ると，
ちびっこ海賊団のことが心配になって仏ヶ浦についてきてしまった大海賊が，
ぐったりした様子で倒れていました。それを見つけた子どもたちは，大海賊のも
とへ駆け寄り，薬と「不老長寿の水」をわたして飲ませました。薬を飲むと，大
海賊はたちまち元気を取り戻しました。

　探検の思い出を残し，伝えるためにメッセージボトルを作成しました。各グ
ループにビンと紙を渡して，探検の活動の感想を書いてもらいました。用紙の裏
には，拾った方からお返事がもらえる可能性もあるので，研究室の連絡先を書い
ておきました。思い思いの感想を書いた子どもたちは紙をビンに入れ，海に向
かって投げました。

　後日，2人の方から連絡がありました。1人は三沢市の方，もう1人は青森市
の方からでした。本当にボトルが届くとは思っていなかったので，とても驚きで
した。

③ 3年目（実施日：2015年10月31日）

　3年目の佐井村まち探検は，準備の段階で1・2年目と同じく海賊路線でいく
か10月31日という日付に合わせてハロウィン路線にするかで迷いました。しか
し，「海賊になりきろう」となり，いろいろ考えていたハロウィンの案はボツと
なってしまったのですが少しでもハロウィン要素を出したい，ということで宝箱
を黒色にし，おばけやかぼちゃの折り紙で飾り付けをすることにしました。ま
た，探検に使うなぞなぞは佐井村に因んだものにしたため私たちだけでは作るこ
とがとても難しく，佐井村の方からたくさんの案やアドバイスをいただきながら
一緒に作成していきました。

2015年10月31日朝，3回目の「ちびっ子海賊の佐井村まち探検」が始まりました。子どもたちはまずアルサスに集合し，「大海賊のひ孫・ちーちゃん」からのビデオレターを見ました。ビデオレターによると，ちーちゃんは大海賊おじちゃんの海賊船で写真と目的地へのヒント・地図を発見したものの，これが何の地図なのかわからず困っている，ということでした。かわいいひ孫のために大海賊はちびっ子海賊団に「ワシの代わりに地図のなぞを解いてくれ！」とお願いします。さあ，探検のはじまりです。

　ちびっ子海賊団は"らぶちる"メンバー2人ずつを含む4つのチームに分かれ，それぞれの地図と目的地へのヒント・その目的地の昔の写真を手がかりにしながら村を巡ります。目的地がどこか分かるや否や走り出す子やのんびり後ろをついていく子，高学年の早い子に

追いつこうとする低学年の子などさまざまでした。写真の地点についた海賊団は，何やら古めかしい格好をした人に出会います。海賊団は恐る恐る「ここは写真の場所ですか？」と問いかけると「よくわかりましたね，そうです！　それではここでクイズです！」と写真の場所にちなんだクイズを"ぽぷり"の方に出題されました。「顔のない狛犬に顔がない理由は？」「この建物の階段は昔あった何の名残？」などなど…一発で正解することもあれば答えがわからず何度も何度も答え直したりすることも。「ここって昔郵便局だったの！？」「この空き地って昔大きな家があったんだ…」普段通っている場所に意外な一面を発見して驚きや楽しさで表情がコロコロと変わる海賊団。佐井村にちなんだクイズが多かったこともあり，"らぶちる"メンバーよりも子どもたちの方が正解を見つけるのがとっても早かったです。

　クイズを解いたら地図上の地点と前の地点の写真を線で結びます。海賊団のなかで線で結ぶ係の子，地図を持つ子，写真・ヒントを持つ子など役割分担をし

ていて面白かったです。さてさて，4つの地点を回った海賊団は5つ目の目的地のヒント「津軽海峡文化館〇〇〇〇へ行け！」を受け，スタート地点であるアルサスへともう一度向かいます。4チームの海賊団が順々に到着し，それぞれ

が最後の写真を貼り，線を引いていきます。他のチームの海賊団の地図に興味津々の子どもたちは，自分たちの地図とよーく見比べます。そしてそれぞれの地図の線の形が数字になっていること，小さく文字が書いていることに気づきます。「へ」「！」「け」「行」を意味が通るように並び替えると「4031へ行け！」という文章が浮かび上がってきました。4031？ どこへ行けばよいのだろう…みんなで悩みます。よんぜろさんいち？ よんまる…？ さい…？ 4031…しおさいだ!!「しおさいへ行け！」みんなしおさい橋へ向かいます。そこには宝箱がありました！大興奮で宝箱を開けます。なかに入っていたのは………びよーん！「はずれ」と書かれ，あっかんべーをしている絵でした。しおさい橋は地図の示す場所ではなかったのです。しおさいという読み方は間違いだったのでしょうか。いいえ，佐井にはもう一つ「しおさい」という文字がつく場所がありました。しおさい公園です。それに気づいた海賊団が夢中でしおさい公園へと向かいます。

　そこには黒い宝箱がありました。大興奮で海賊団は宝箱を開けます。筒がたくさん入っていました，"らぶちる"が一つひとつ手作りした万華鏡です。お宝を見つけた海賊団はみんな笑顔で一つずつ万華鏡を手に取って回したり，じっとしたりしながら覗き込みます。宝箱の中に入っていた綿が海風に乗り，舞い上がりとてもとても綺麗でした（後片付けはとても大変でした）。最後に大海賊から「よくぞなぞなぞを解いて宝を見つけてくれた，これでひ孫も喜ぶだろう，ありがとう！」というお礼の言葉をもらい，2015年のまち探検は幕を閉じました。

3．ちびっこ海賊の佐井村まち探検　　45

10月31日晴天時のタイムテーブル

　7：45　おいちゃん，らぶちる，アルサス海側駐車場集合

　8：00　大人のスタッフ集合

　8：30　参加者集合開始（アルサス）出欠

　9：00　開会式

　9：30　探検開始，地図作成（アルサス）

最後の謎を解く→しおさい公園でお宝（万華鏡）ゲット

　12：00　児童解散

　13：00　昼食・反省会（会場：佐井村役場　1階　和室）

　15：00　現地後始末，協力者へのお礼の挨拶回り等（深作先生，"らぶちる"）

　17：00　解散

☆探検で回る地点（この中から各グループ5地点）衣装は昔風で統一

・顔がなくなったこま犬（箭根森八幡宮）

・旧若山家

・佐井小学校

・能登屋本陣

・旧佐井郵便局（現「モリピアたけうち」）

・旧佐井診療所

・アルサス

☆各グループが回るポイント

へ (4) 若山家→モリピアたけうち→能登屋→箭根森八幡宮→アルサス

行 (0) 佐井小→診療所→箭根森八幡宮→若山家→アルサス

け (3) 診療所→箭根森八幡宮→モリピアたけうち→能登屋→アルサス

!! (1) 能登屋→箭根森八幡宮→診療所→モリピアたけうち→アルサス

資料「2015年度まち探検のタイムテーブルと探検したポイント」

（5）まち探検の成果とこれから

　まち探検を通して，子どもたちの生き生きとした姿を見ることができました。思い切り笑ったり，真剣に考えたり，とても濃い1日を過ごすことができました。ボランティアとして参加してくれた中高生も，とても楽しそうでした。"らぶちる"や佐井村の大人の方も，楽しむことができました。

　また，いつもは一人で遊んだり，同学年の友だちと一緒に遊んだりすることが多いようでしたが，まち探検で異年齢交流をすることによって，高学年の子は小

さい子の面倒をみたり，低学年の子は，お兄さんやお姉さんと楽しく遊んだりする機会が増えたそうです。子どもたちには体を動かして遊びたい気持ちがあったのでしょう。まち探検をして，たくさん歩いたり走ったり，思い切り体を動かすことができて，子どもたちも満足そうでした。

　さらに，"らぶちる"にも変化がありました。初めてまち探検に参加した"らぶちる"メンバーもいました。子どもと関わる機会があまりなかったメンバーも，次第に子どもの目線に合わせて話をするようになったり，子どもがじっくり考えているところを見守るようになったりする姿を見ることができました。私たち"らぶちる"にとっても，成長する場になりました。

　反省点として，企画の段階で"らぶちる"と佐井村の方々との間で共通理解を図ることの難しさが挙げられました。やり取りは主にメールを使っていましたが，"らぶちる"が伝えたいことが思うように伝わっていなかったり，佐井村の方々の思いをうまく読み取ることができなかったりしました。そのため，当日になってから初めて知る情報も多々ありました。また，まち探検が早く終わってしまった場合のことも，企画の時点で話し合うべきだということがわかりました。3回目のまち探検では，まち探検が予想よりもとても早く終わってしまいました。

　子どもたちの活動にあたっては，まち探検をするコースの車通りの多さや，途中でトイレに行きたくなることなどが挙げられました。事前に下見をしたものの，思いのほか車が通ることに驚くメンバーもいました。事故を予防するために，子どもたちが通りそうな道路の環境や安全について情報共有をし，子どもたちへの声がけの仕方なども話し合う必要がありました。また，途中でトイレに行きたくなる子どももいることを想定して，トイレ休憩ができるところを事前に話し合い，確認していかなければなりませんでした。

　異年齢による交流の難しさも挙げられました。未就学の子は歩くのが遅かったり，疲れやすかったりします。小学校に通う子は，自分の「やりたい」「遊びたい」という気持ちを大切にするあまり，周囲が見えなくなってしまい，自分より年下の子を置いて行ってしまうこともありました。

　子どもたちへの関わり方にも，悩むところがありました。子どもたちが予想外

の動きをしたときに，どのような声がけをすればいいのか，あるいはするべきではないのか，という話が出ました。なぞ解きの場面などで，予想していない考え方をしていたときや，道を間違えていたときなどに，どうすればいいのか迷ったメンバーが多くいました。子どもたちの考え方や思いを尊重して見守るべきか，何か声がけをするべきか，もう少し丁寧に話し合って考えていく必要があると感じました。

　反省会では，今後のまち探検に生かしたいアイディアも，たくさん出ました。

　まずは，村全体をまち探検に巻き込むことです。探検をしていると，村の皆さんによく声をかけていただきます。お話をしているときに，村の皆さんが村についてよく知っていることや，温かい眼差しを持って子どもたちを見守っていることなどに気づくことができました。村の皆さんにご協力していただけるならば，次回はぜひ一緒にまち探検をやってみたいです。

　また，2年目からは高校生や中学生もボランティアスタッフとして参加してくれるようになりました。彼らが自分なりに子どもへの関わり方を考えている様子をみて，企画から私たち"らぶちる"と一緒に参加してもらうことで，中高校生の気づきやアイデアを盛り込むことが可能となり，より積極的な参加の形態が築けるのではないかと考えています。

執筆：齋藤綾乃（あーちゃん），棟方瑞希（むな）

4. こどものまちミニひろさき

(1) はじめに——こどものまちとは

　私たち"らぶちる"では，「こどものまちミニひろさき」をこれまでに2回（2016年1月，2017年2月）を実施してきました。

　「こどものまち」は，子どもの主体性と市民性を育もうと1979年にドイツ・ミュンヘンでスタートしました。日本では2001年に千葉県佐倉市で初めて「こどものまちミニさくら」が開催されました。翌年には宮城県仙台市でも開かれ，現在では国内で約60のこどものまちが誕生しています。

　学校とは違う場所でいきいきとしてほしい，やりたいことをしてほしい，楽しいと思ってほしい，このような思いで"らぶちる"は，「こどものまちミニひろさき」を開催しています。青森県初の「こどものまち」である「ミニひろさき」には約200人の子どもたちが来てくれています。「ミニひろさき」では子どもたちはまちのなかで好きな仕事を選んで働き好きな物を買ったり起業したりできます。働かずにゆっくり休んでいることもできます。子どもが好きなことを自由にできるのです。そのまち自体も子どもたちが考えます。事前に集まってくれた「こどもスタッフ」が話し合いながら通貨やどんなお仕事があればいいのか，どんなお仕事が楽しいのか話し合います。それが「こどもスタッフ会議」です。

(2) こどもスタッフ会議

　この「こどもスタッフ会議」は楽しいものでしたが，とても考えさせられるものでもありました。

　まず，「こどものまち」開催の4か月くらい前にこどもスタッフの募集をします。小学5，6年生を対象にビラを作り弘前市内の小学校に配りました。当初15名程度を予想していましたが予想を上回る約20名が応募をしてくれたのは嬉しい驚きでした。こうして集まってくれたメンバーと"らぶちる"で2か月間に計5

回の話し合いをしました。この話し合いで主体となるのはこどもスタッフメンバーです。"らぶちる"はあくまでも子どもたちの話し合いを促したり，呟きを拾ったりする存在でなければなりません。なぜなら「ミニひろさき」において一番重要なのは「子どもたちの世界」だからです。大人が口を出したり，大人の世界観を見せたりしてはいけません。こどもスタッフの話し合いのなかで子どもたちの意見や世界を「こどものまち」として形づくることが大切です。そのためには子どもたちが自由に意見を言い合うことが必要です。

　こどもスタッフは市内のさまざまな小学校から来ています。そのため違う小学校の子どもや同じ小学校でも初めて会う子どももいます。知らない人ばかり，このような状況では意見が言いづらいです。そのために"らぶちる"は毎回の会議の最初にさまざまな「アイスブレイク」を行います。しかし，アイスブレイクの最中はいろいろな子とお話しするのですが，アイスブレイクが終わったら一緒に参加した仲の良い子と固まってしまい，他の子とはなかなか話さないということが起こりました。そのため，"らぶちる"はこどもスタッフメンバーをグループ分けすることにしました。違う学校から来た子どもたちが，あまり話さない子どもたちとできるだけ一緒になるようにし，全体が意見を言いやすい雰囲気になるようにしました。しかし，それでも子ども同士の距離はなかなか縮まりませんでした。そして，子ども同士の距離をどうやって縮めるかという課題とともに，子どもスタッフの意見を"らぶちる"がうまく膨らませてあげられていないという課題も出てきました。それは，こどもスタッフたちの考えがリアリティ溢れるものだったからです。しかし，彼らの発言は現実に縛られているように映りました。現実に縛られず，自由に，楽しく，実際ではありえない仕事を考えて，そこで働ける。それが「こどものまち」のいいところです。しかし，今，"らぶちる"は子どもたちの「夢」をふくらませることができているか？ 学校の授業のようになってないか？ "らぶちる"のなかで何度も話し合いました。子どもたち同士が楽しく意見を出し合い，リアリティなどを気にせずに自由に自分を表現できるようにするために，私たち"らぶちる"が出した結論は，「すべてを子どもたちに任せる」，ということでした。

これまでは，こどもスタッフ会議の時に話し合う内容を"らぶちる"が決めて
おき，子どもたちに話し合ってもらっていました。しかし，話し合いの内容も子
どもたちに任せることにしたのです。もちろん不安もありましたが「今日は何を
したらいいかな？」そうなげかければ，子どもたちは自ずと意見を出し，話し合
いをはじめました。「自分たちで決めなければならない」という意識が子どもた
ちの距離を縮めたようでした。そうして出された意見は今までよりも具体的で自
由なものでした。ときには，集中力がきれて遊びだす子がいたり時間にルーズに
なったりすることもありました。けれど「こどもスタッフ会議」は学校ではあり
ません。時間内はずっと考えていなければならない，なんてことはないのです。
大事なのは子どもたちが自由に楽しくいられることです。そのため，この「子ど
もたちに任せる」進め方はよいものだと言えました。

　私たちはここで改めて「主体性」とはこういうことなのだと学びました。「大
人」が何もかもきっちり決めなくても，子どもたちはしっかりと自由に物事を進
めてくれます。これが「こどものまち」の目的である「主体性を育む」というこ
とではないでしょうか。そのために，大人は「見守っている」ことが大切なので
す。「大人」から見れば，子どもだけの話し合いは口をはさみたくなることがし
ばしばあるでしょう。そこに口をはさんだら，それは「大人の意見」です。理に
適っていて効率的な「大人の」意見です。子どもたちはそれに従ってしまうで
しょう。そして，より現実的な意見を考えだしてしまいます。現実的な意見を考
えることが悪いこととは言いませんが，それは大人の発言に縛られたうえでの考
えです。子どもたち自身の自由な発想とは言えないのではないでしょうか。それ
では子どもの自主性を尊重していることにはなりません。子どもの自主性を尊重
し，育むためにも時には口を挟むのをグッと耐えて見守ることが重要なのです。

　こどもスタッフ会議での話し合いを経てお金の単位は「サキ」に決まりまし
た。そしてこどもスタッフが経営するお店は「ざっかや」「ヘアメイク」「くすり
や」「ゲーセン」「がっこう」となりました。"らぶちる"経営のお店としてはダ
ジャレを言ってお金を稼ぐダジャレ道場がきまりました。

(3) こどものまち本番
①らぶチアーノ族の誕生
　企画の最初の段階から，「ミニひろさき」では「保護者の入国を原則お断りする」ことが決まっていました。それは，子どもたちは，物語の舞台で遊びに夢中になっており，保護者がわが子に声をかけた瞬間，その子は現実の世界に引き戻されてしまうと危惧したからです。

　そうなると，私たち"らぶちる"も含め大人が「異質」の存在となってしまいます。しかし，子どもたちだけでの運営にもリスクがともないます。そこで，私たちスタッフは先住民族「らぶチアーノ族」に扮して「ミニひろさき」での市民生活に寄り添い・見守り・サポートすることにしました。「らぶチアーノ族」であることを子どもたちに伝えるため，全員に羽をつけることにしました。

②「こどものまちミニひろさき」当日

　「ミニひろさき」の「市民」は，弘前市をはじめ近隣の小学1年生〜6年生を募集しました。すると，約170名の応募がありました。その子どもたち（家族）へは，事前にパスポート・まちの概要や当日の持ち物などを記した「オフィシャルガイド」，保護者向けの「保護者ガイド」を郵送しました。

　当日の朝は，会場である弘前市内の小学校の体育館には，パスポートを握りしめた子どもたちが予定より早く集まってきました。9時30分になると，太鼓の音を合図に開国します。まちの入口は，新聞紙の壁で覆いました。日常とは違う空間であることをワクワク・ドキドキしてもらいたかったからです。市民となった子どもたちは，この新聞紙の壁を突き破って入っていきます。1日目は入って良いのかどうかわからず，また緊張していたようで，なかなかこどものまちへ入っ

てきませんでした。しかし，新聞紙が破け，中の様子が見えると，目を輝かせた子どもたちは足早に入国審査へと向かいました。

入国審査では，らぶチアーノ族とこどもスタッフが市民を迎えました。こどものまちに来た子どもたちには，まず「入国の目的は何ですか？」と問いかけます。「オフィシャルガイド」をしっかり読み込んできたのでしょう。「お仕事をしにきました」や「遊びにきました」など，子どもによっていろいろな答えが返ってきました。こどものまちに来た目的を伝えると，らぶチアーノ族手づくりの入国スタンプを押して，入国審査完了です。

入国した子どもたちはお仕事を探すために，働きたい子どもを募集する掲示板を見に行きます。そこで，やってみたいお仕事を見つけたら直接お店に出向き，仕事をしに行くのです。なかには掲示板を見つめたまま動かない子どもたちや，困った表情をしている子どもがいます。そんな時，らぶチアーノ族が声をかけに行くと，やってみたいお仕事がない，もう募集が終わってしまっていて，何をしたらいいかわからないといった様子でした。特に低学年の子にそのような様子が見られたので，遊びながらお金をもらえる「遊び修行場」にいってみない？と提案したりしながら子どもに寄り添っていきました。

やりたい仕事を見つけた子どもたちは，お仕事に夢中です。たとえば，ホットケーキを焼く「調理」の仕事には学年を問わずたくさんの子が「働かせてください!!」と元気よくやってきます。ホットケーキを焼く仕事が楽しいようで，何度も何度も繰り返しホット

4．こどものまちミニひろさき　　53

ケーキを焼く女の子が多くいました。

　銀行では，お仕事をして稼いだお金を預けることができます。窓口だけではなく，「ミニひろさき」の通貨「サキ」を造幣する仕事もありました。

　観光館は，お仕事が見つからないときや落とし物をしてしまったときなど，困ったことがあったら立ち寄る場所でした。お仕事がなかなか見つからないときは，掲示板を一緒に見たり，観光館のお手伝いをしたりしてもらいました。たくさんあった落とし物も，落とし物ボックスをつくって，まち全体にアナウンスして持ち主を探すといったお仕事をはじめる子もいました。

　こどものまちには，こどもスタッフが経営するお店があります。こどもスタッフの話し合いのなかで，「カフェ」「雑貨屋」「ヘアメイク」「ゲーセン」「学校」がうまれました。こどもスタッフのお店では，お店の利益が自分たちのお給料になります。子どもたちは，2つの商品を購入で割り引いたり，タイムセールを実施したりするなど工夫して商品を売っていました。

　ある程度お金が貯まると，お金を稼ぐだけではなく，使う子も出てきます。ゲーセンでゲームをしたり，パンケーキを買って食べたり，思い思いに時間を過ごします。一番大胆なお金の使い方は土地のオークションです。定期的に開催されるオークションに参加し，土地を購入する権利を得ると，こどもスタッフではなくても自分で商売をすることができます。新たなお店として占い屋さんなどができました。お店以外にも

買った土地を陣地として「警察」も誕生しました。

　土地がないと新たな商売ができないわけではありません。自分で箱を持って練り歩く「くじ引き屋さん」も新たに誕生していました。

　2日目には市長選が行われました。これも土地オークションの流れか，オークション形式で行われました。一人の少年が友だちに自分が稼いだお金を託し「これで市長になれよ」という友情の一幕も見られました。実際に160サキで市長の役職が落札され，最低賃金などを2人で話し合って決めていました。

　そんなこどものまちにも，お別れの時間がおとずれます。2日間のこどものまちから出国する子どもたちを見送る"フィナーレ"が行われました。子どもたちはらぶチアーノ族とこどもスタッフの手のアーチをくぐって出国していきます。その時に紙吹雪で演出しようという意見がこどもスタッフのなかから出て，出国前に一生懸命紙を切って準備しました。演出を華やかにしようという工夫がみられ，とてもすてきなエンディングとなりました。こどもスタッフがこどものまちに真っ向からぶつかっている真剣さがみられた場面でした。

（4）反省

①スタッフ会議

　こどもスタッフ会議での反省点は大きく分けて2つあります。ひとつ目は，開始当初会議が学校の授業のようになってしまったことです。具体的に言うと，グループに分ける，子どもたちに任せると決める前は"らぶちる"メンバーのうち一人がみんなの前にあるホワイトボードの前に立ち，みんなの意見をボードに書いていました。授業のような指名制であるのかと，子どもたちが感じ取ったのか，発言する際も手を挙げて当てられるのを待っていました。ここにも現実的な意見ばかり言わせてしまった要因があると思います。そのため司会の"らぶちる"は立つことを止め，みんなと同じ目線で話すことにしました。加えてホワイトボードに意見を描きだすのではなくみんなの意見を付箋に書いてもらったものを大きな模造紙にはり，それをホワイトボードに貼ることにしました。そうすることによって「学校感」を拭え，当てられるのを待つ子が減り，自由に意見を

言ってくれるようになりました。これを一回目からやれていればよかったと感じています。

　反省点の2つ目は、「こどもスタッフに任せる」と決めたものの、"らぶちる"がどこまで介入していいのかわからなかったことです。何度も"らぶちる"内でこのことについて話し合われましたが、答えは出ませんでした。困っている子がいたとしてどこまで手助けしていいのか、どこからが子どもたちに影響をあたえてしまうのか、明確な答えがない問題だと思います。しかし、何とかしなければいけない課題でもあります。次回の「ミニひろさき」の準備がはじまるまでに再度"らぶちる"内でも話し合いを続けみんなの意見を共有していきたいと思います。

②こどものまち　本番

　今回のこどものまちでは、子どもたちがお金を使う場所が圧倒的に足りませんでした。1日目にせっかくお金を稼いでも、使うところがなかったので、お金がどうでもよいものに変わってしまいました。次回はもっと働くところと遊べるところ（お金を使えるところ）をバランスよく作る必要があると考えます。ただ、子どもの主体を尊重するという観点から、らぶちるがそのように仕向けるのではなく、去年参加した子どもたちがもう一度参加してくれて、去年の気づきをもとに構想を練っていく過程を期待したいと思います。

　また、1日目のこどものまちでは、「サキ」を使わずに遊べるところがなかったので、何もすることがなくて楽しくなくなってしまった子がいました。それを1日目終了後に、らぶチアーノ族で共有し、狭いスペースではありましたが2日目に遊ぶ場所をつくれたことはよかった点だと思います。また、こどもスタッフが中心となり、まちのみんなが参加できるゲームを2日目の昼に行ったことで、後半の空気が変わり、子どもたちの表情が明るくなりました。状況に合わせて、行動できたのも子どもたちの力であり、子どもたちが秘める力にらぶチアーノ族が驚かされた場面でもありました。

　掲示板には仕事が書いてあるけれど曖昧で、更新もされず、あまり機能していませんでした。遊び場も、お仕事も低学年の子たちの居場所をつくることが今後

の課題です。また，ひとりぼっちでどうしようか悩んでいる子どもへの声掛けなど子どもの寄り添いについて，"らぶちる"としてのスタンスを大人スタッフや学生のボランティアスタッフときちんと共有できていませんでした。その結果，子どもたちのくつろげるスペースがお金を稼ぐ場所になってしまったり，子どもたちを導きすぎて子どもが本当にやりたいことをやれているのか曖昧になったりする場面がありました。実際に関わるらぶチアーノ族みんなが，子どもとの関わり方をその場で悩みながら接していました。今回の経験をもとに，子どもとの関わり方を"らぶちる"全員で共有するとともに，大人スタッフやボランティアスタッフとの話し合いの時間を十分に確保することで，みんなの意識を統一することが必要です。

(5) おわりに

今回のこどものまちを通して，私たち"らぶちる"は子どもたちが持つ発想力や臨機応変に行動する姿に驚かされてばかりでした。私たちが思っている以上に子どもたちは，自ら考え行動することができます。子どもたちの「主体性」をもっと大切にし，また引き出せるように今回の反省点を踏まえて，子どもとの関わり方について話し合いを重ねていきます。そして，その話し合いのなかで，子どものまちを子どもたちが自分らしくいられる居場所にできるようにしていきたいです。

おまけ　こどものまち2年目

こどものまち2年目は，弘前大学大学会館に会場を移して開催しました。今回も，13名のこどもスタッフが12月から5回のこどもスタッフ会議を経てまちの構想を練り上げていきました。

こどもたちの間で評判になって

いたのか，今回は約230名の子どもたちが応募してきました。弘前市からは車で1時間はかかる地域からの参加もみられました。

　前回の「ミニひろさき」と大きく違う点は，こどもスタッフのほぼ全員が，前回のこどもスタッフあるいは市民として参加しており，市民も「前回を経験している」ということです。230名中約25％が前回の参加者でした。

　そして，本番。

　こどもスタッフはもちろんのこと，市民となったこどもたち，私たちらぶチアーノ族も進化していました。前回のようなバブル経済とその破綻も発生しなければ，「サキ」を得ることに執着する子どもたちも見られませんでした。新規企画の「フリーマーケット」では，家にある物を持ってきて売るだけでなく，自作マンガを印刷して売る市民，本物の絵師からねぷた絵を習っているという4年生の市民は，その場で注文を受けてからねぷた絵を書いて低価格で販売していました。

　もちろん「働きたくない」「遊びたい」という市民もたくさんいて，その子たちなりに自由自在にまちを楽しんでいました。

　2日間がおわり出国。前回は「また来てね〜」「またやってね」とらぶチアーノ族に懇願して帰る子どもが多かったのですが，今回は「またね〜」と淡白な挨拶で帰る子どもたちが多い印象を受けました。しかし，出国時間間際の銀行は大混雑。「来年も使えるよね」と確認してから預金をしていく子がたくさんいたようです。

　これは，「"らぶちる"たちは，また来年も「ミニひろさき」を開いてくれる」と信用された証なのだと受けとめています。

執筆：薄田春花（はるる）高橋りさ（はっしー）

5. らぶちるカフェ

(1) はじめに

　私たち "らぶちる" では，弘前大学総合文化祭で「らぶちるカフェ」を毎年開催しています。子どもに限らず誰でも好きなようにのんびり過ごし，時には学校や人間関係の愚痴を，時には大人に対して思っている不満や思い，はたまた恋バナまで自由に話すことができる空間です。もちろん一人でお絵描きをしたり持ってきたゲームをしたりと，思い思いの時間を過ごすこともできます。らぶちるメンバーはただ静かに見守り寄り添っています。

　これは元をたどれば，"らぶちる" が結成されるきっかけとなった「第58回子どもを守る文化会議」のシンポジウムが大きく関係しています。シンポジウムを企画するにあたって「中高生の本音が聞きたい！」という意見が出たことにより，実際に中高生と大学生が関わる機会って意識的に作らないと無いのでは？　ということに気づきました。中高生とはどこへ行けば関われるのだろう，ファストフード店？　商業施設のイートイン？　それとも塾とか…？　しかし，急に話しかけたりしたら嫌がるかも…。

　そこで文化祭で中高生と大学生が関われる機会を設けよう，となり「らぶちる広場」が誕生しました。この「らぶちる広場」が現在は名前を変えて「らぶちるカフェ」として続いています。

　このように，らぶちるカフェははじめ，大人に対する中高生の生の声を聞く場として作られました。しかし現在は少し違います。中高生メインから誰でもくつろげる場，大人に対する意見を聞く場から何をしてもいい（もちろん愚痴を話して

もいい），より自由な場所へと変わりました。中高生の意見を聞いていくうちに「大人に対する不満だけではなく，普段学校では言えないことも吐露する場所が必要」であり，これは中高校生だけでなく小学生も必要としていることが5年間の継続で見えてきています。

（2）これまでのらぶちるカフェ

　らぶちるカフェは毎年，たくさんの人が来てくれますがこれは私たちらぶちるにとって嬉しくもあり，同時に悲しくもあります。普段から溜め込んでいるストレスを日常的に発散できる場や機会があれば，そもそもらぶちるカフェで愚痴を話したり，思い思いの過ごし方をしたりする必要がないからです。つまり，らぶちるカフェの最終的な到達点は各々が思い思いに過ごせる居場所を見つけ，らぶちるカフェが必要とされなくなることです。しかし，現実的に居場所がないと感じる人たちがいなくなることはほぼ不可能なので，私たちは今後もそんな人たちの居場所になれるような活動を続けていきたいと思っています。そのためには子どもと関わり続けること，そのなかで先入観を持って接しないこと（中学生はこうだからといった決めつけなど），子どもも大人も一人の人間として尊重することが大切だと考えています。

（3）2016年度のらぶちるカフェ

　2016年度は押さえていた教室が使えなくなるというハプニングから始まりま

した。みんなでいろいろな教室を探しまわりました。大学という特性上，机や椅子が固定されている教室が多いのですが，らぶちるカフェを子どもがくつろげる場所にするには“学校らしさ”が出ないほうが良いと考え，結局当初の予定よりもだいぶ狭い教室で開催することになりました。普段はゼミや会議に使われている小さな教室です。前年度までは授業で使っている机を何個かくっつけ，テーブルクロスを引いて，そこに座ってお菓子やジュースを飲みながらだらだらできるスペースだったのですが，教室の広さが足りず，それはできなくなってしまいました。また，壁を本棚が覆っていて，いかにも会議室という感じがあり，私たちを悩ませました。「どうすれば子どもたちがふらっと立ち寄れて，落ち着けるスペースになるのだろう？」とみんなで考え，最終的に机も椅子もとり払い，じゅうたんやこたつを設置して，家のように安らげる場所にしよう！ ということになりました。

　当日はこたつ1脚，折り畳み式のローテーブルが2脚，床にはマットと絨毯を敷いて開催しました。座布団やふわふわのクッションも持ち寄りました。

　2日間開催しましたが，入りにくさが拭いきれず，私個人としては，もやもやした2日間でした。

　しかし，嬉しかったこともあります。毎年らぶちるカフェに来てくれている子たちが，今回も来てくれたことです。「教室がいつもと違うから，めっちゃ探したよー！」と言いながら入ってきたときはとても嬉しかったです。「もはや学祭に来てるっていうより，らぶちるカフェに来てるわ」と言う子や，「入りびたりに来たよー」と言って本当に1日中動かない子もいます。そういう子どもを見ていると，やってよかったなあと思うと同時に，こういう場所が必要なんだろうなとも感じます。

　今回初めて来た，ある男の子が「ここは最高。何もしなくても怒られない」と何気なく呟いた場面がありました。「何もしないと，怒られるの？」と聞いてみると，「宿題やったのかとか，1人勉強したのかとか。ゲームやってたら遊んでないで勉強しろって言われるし。宿題終わらせても，明日の持ち物確認しろとか，うるさい」と返ってきました。確かに，提出物を期限までに終わらせることや，忘れ物をしなしように確認することは必要です。でも，のんびりダラダラしなが

5. らぶちるカフェ　　61

ら何も考えずにぼーっとする時間も大切だと思います。嫌なことや辛いことがあっても，ぼーっとしていると心が落ち着いてきて気持ちに整理がつき，心にゆとりが生まれます。それが許されていない子どもは，結構多いのではないかなあと感じさせる出来事でした。それは，とても悲しいことですが，同時にらぶちるカフェの意義にもなると思います。

（4）らぶちるの関わり

　らぶちるカフェは大学の奥まった教室で開きます。教室の中には5，6つのテーブルにイスがあり，各テーブルにはお菓子が置いてあります。ここでは飲み物も用意してあり，飲み食いしながらお話しできるような体制になっています。

　毎年来ている子が躊躇なく入ってこられるような雰囲気になっているとは思いますが，初めて来た子はすんなり入ってくるのが難しいです。大抵の人は入り口で立ち止まり，らぶちるカフェの看板を見て，「どういうところなんだろう」「入ってもいいのかな？」と思うようです。私たちは，入り口で立ち止まってる人に対して「こんにちは。」「入っていきますか？」と声を掛けます。関心のある人や来たい人が入れるように，自分たちから歩み寄ります。

　らぶちるカフェにはさまざまな年齢層の人たちが来ます。来る人は各々の過ごし方をします。らぶちるは来た人に「あれしよう，これしない？」というように過ごし方を強要せずに，その人なりの過ごし方を尊重します。なかには「学校の友だち関係でうまくいってない」「学校だるい」など，学校について不満を言う子や友だちに対して思っていることを言う子がいます。私たちがそれらを聞いて解決に向かうように助言をするというよりは，その子が話したいことを聞く姿勢で接しています。なにかをしてあげるのではなく，その子のことを受け入れる姿勢が大切で，私たち"らぶちる"に求められていることではないかと思います。

　らぶちるメンバーも準備段階で，すでにここでのんびりして過ごし，自分たちにとっても居心地のよい場所に感じられました。お菓子や飲み物を食べながらお話しすることは変わらずに続けました。面と向かって座ると，緊張し話しづらいことが考えられたため，今回は折り紙や塗り絵も用意しました。

毎年必ず来てくれる子が，今年も来てくれました。学祭期間だけの関わりですが，毎年会って話をすることで，その子の変化，成長を感じることができます。身長から，服装，言葉や話の質・内容，らぶちるとの距離感などさまざまなことが良くも悪くも変化していることがあります。変化を知ることができるぐらい，毎年必ず来てくれることは嬉しいことです。毎年来てくれる子がいるということは，小中高生が居たいと思ってくれる場になっている証だと思います。らぶちるカフェがそういう場であることに嬉しさを感じる一方で，小中高生が居場所を必要としている状況に複雑さを感じます。らぶちるカフェのような居心地の良い場所と，そこにいるらぶちるの姿勢を今後も続けていきたいと思います。

　　　　　執筆：浅原夏希（つっきー），中田新子（ちーちゃん），棟方瑞希（むな）

6. 高校生たちとの交流

(1) はじめに

　ここまで小・中学生を活動の中心とした"らぶちる"の数々の実践を紹介してきました。ここでは，「高校生」に焦点をあて高校生たちとの交流について話していきたいと思います。

　私たち"らぶちる"はこれまで青森県内外のたくさんの高校生たちと交流してきました。久慈市公民館に拠点を置く「ヤングボランティアSEED」，八戸市のNPO法人はちのへ未来ネットで活動する高校生ボランティア「どり〜むキャンパス」，七戸町・鶴田町・おいらせ町のジュニアリーダーたちなど，私たち"らぶちる"と同じように地域の子どもたちと関わりを持つ高校生たちとの交流を深めています。

　このように高校生たちと接するときにももちろん，高校生たちの「主体性」，交流するうえでの「過程」，"らぶちる"と高校生たちの「距離感」といった，これまで述べてきた活動するうえで"らぶちる"が大切にしていることを守って交流しています。そして，彼らも私たち"らぶちる"と同じように各団体で大切にしていることや活動への想い，やりがいを持って日々活動しています。そんな各団体の活動への想い，やりがい，課題，活動内容などについて互いに意見交流をし合い，さまざまな考え・活動を知りあう・学びあうことを目指して，これまで交流を深めてきました。

(2) 高校生って…？

　"らぶちる"が高校生たちと関わるはじめの時には，彼らとの距離感について考えました。年齢が近いということは親近感を持てる反面，学校のような「先輩」的な立ち位置になってしまうのではないか，高校生たちがどれだけいつも子ども

たちと接するようにのびのびと自分たちらしさを出して私たちと話してくれる
のか，など関わり方に悩んだ部分があります。"らぶちる"も当初は高校生に対し
てのイメージが「冷めてそう，怖そう」という意見もあり，"らぶちる"自身も高
校生と関わる前は緊張していました。だからこそ私たちもアイスブレイクを通じ
てまずはその意識を少しでもなくそうとすること，「何でも話していいんだよ」
と思わせるような温かい話し方や話す雰囲気などに気を配って「先輩」ではな
く，高校生たちと同じ目線で関わり合うことを意識しました。

　そうした交流のなかで気づいたことは，高校生たちの地域の子どもたちに接
する姿勢や意識，行動は「本気」そのものということです。高校生たちが考え，
実践し，反省していく過程で生まれる子どもたちへの想い，自分自身のやりがい
や自己形成は，私たちと同じでした。もちろん，私たちらぶちるメンバーが助言
という形で接したり，高校生たちの考えていることを引き出す工夫をしたりとい
うことはあります。しかし，先ほど述べたように，高校生たちの子どもと接する
姿勢や意識は「高校生だから」「大学生だから」など関係はありません。だから
こそ，地域の子どもと接していく者，仲間として，活発に意見交換や遊びの交流
をしていくことで，お互いに学びを深めていくことを目指して私たちは交流し，
そして，そうした交流で学んだことを，それぞれ各団体の活動へと活かしていき
ました。

　そんな数々の交流のなかから，3つの具体的な実践例を紹介していきます。

(3) 東北の「ひかり」

　2015年8月29日～31日の3日間かけて，いわて県民情報交流センター・ア
イーナにて『第55回社会教育研究全国集会』が開催されました。この研究全国
集会は毎年1回開催される，社会教育研究者や団体など全国各地から人びとが集
まる大規模な集会です。そんな今回の全国研究集会のテーマは「いのちと希望を
育む社会教育の創造を　～震災や地域が抱える苦難を乗り越えて～」でした。こ
のテーマのもと，全体会や数々の課題別の学習会，分科会が行われました。初日
の最初に組まれたプログラムが第一全体会。この集会のテーマに掲げた東北の

地域課題と社会教育に課せられた期待を全体で共有する，この集会の方向づけとなる企画です。その第一全体会にて，司会を行ったのが，久慈市中央公民館「ヤングボランティアSEED」の高校生2名でした。

今回，この大きなテーマとして，東日本大震災からの復興と東北地方が抱える地域の苦難・困難からの克服が掲げられ，そこに東北の未来を創造する「ひかり」である若者にスポットライトがあたりました。そして，司会進行をこの高校生の2名が行い，その補助として"らぶちる"があたりました。

大人でも緊張するような全国研究集会の司会という大役に，2人からは緊張や不安の様子が伺えました。そのようななかで，どのように進行していくか，どんなことを話すか，"らぶちる"と一緒に考え司会進行の流れを決めていきました。ここでもやはり大切にしているのは，私たち"らぶちる"，大学生が2人を引っ張る，というよりも，「一緒に」進行を作っていくことです。そのように進めていくうえで，具体的な原稿案などを一緒に考える，リハーサルを通して客観的なアドバイスをするなど，進行に関わることはもちろんですが，緊張や不安のなかでも，彼女たちが持つ力を最大限に発揮し司会進行を進めやすいよう，まずは声をかけること，そうしてモチベーションを上げること，和やかな雰囲気を作ることにも気を配りました。

開始前は不安そうな，緊張した表情でしたが，全体会がはじまり舞台に2人が立つと笑顔で堂々と進行をし，見事に大役をやりきってくれました。会場からも大きな拍手が2人にむけて送られました。そして終わった後の，2人のしっかりと仕事をやりきった達成感でいっぱいな笑顔，そんな表情が私は忘れられません。2人のコメントにも，「やってよかった」「ありがとうございました」と，達成感と周りの人への感謝が述べられていました。

補助という形で高校生の 2 人と一緒に集会の進行を行ったことで，高校生たち
が持つ不安感や緊張感，その反面それを吹き飛ばす堂々とした力，達成感を間近
で感じることができました。そして，これは私たちのこれからの活動の意欲にも
つながりました。こうした高校生たちとの交流が互いに自分自身，団体の経験，
そして次の活動へとつながっていくことを感じることができました。

（4）会話を通じて

　ここでは "らぶちる" の活動のなかから久慈市，八戸市で行われた『地域活動
に携わる中学生・高校生・大学生の交流会』(1 回目 2015 年 2 月久慈市中央公民館，
2 回目 2016 年 4 月に八戸ポータルミュージアムはっち) について述べていきます。

　活動目的は 2 つあります。ひとつ目は各団体がどのような活動をしているの
か？　どのようなところに気をつけて子どもたちと接しているのか？　など情報
交換の場となり，自分たちの活動に反映できるようにすることです。2 つ目は中
学生・高校生・大学生の交流から互いに学び成長する場になることです。まずは
久慈市で行われた交流会についてです。

　1 回目は 2015 年 2 月に久慈市で開催しました。参加者は "らぶちる"，久慈の
「ヤングボランティア SEED」(以下，ヤンボラと記す)，七戸ジュニアリーダーズク
ラブです。場所は久慈中央公民館で行いました。当日はアイスブレイク，各団体
の活動紹介，座談会の流れで行いました。初めにアイスブレイクについてです。
初対面の人と話しやすい雰囲気を作り仲良くなるために新聞じゃんけん，キャッ
チ，禅の心，野球ゲームという 4 つの遊びを行いました。次に各団体活動紹介を
行いました。"らぶちる" は，実践の内容とともに，私たちが大切にしていること
(①子どもが主体である，②広がりのある遊びを考える，③子どもたちとの距離感) を強
調して紹介しました。

　最後に各団体が混ざり座談会を行いました。私が参加したグループのなかで
話題になったのは，子どもたちとの関わり方についてでした。会話の一部として
「小さい子どもたちが話してくれない時はどう関わるのが正解なの？」「広がりの
ある遊びって何？」「もっと自由に活動したい」という声がありました。私はこ

の疑問を投げかけられた時に中高校生たちは"らぶちる"と同じように子どもたちのことを全力で考えて動いていると実感しました。私は実際に子どもたちとの関わり方には正解はないと感じています。それは，子どもたちの表情，話し方，仕草から，その瞬間に自分なりに考えたベストを尽くすことが大切だと考えているからです。中高生との関わり方もひとつではない，実際に彼らが子どもたちと遊ぶ姿を想像しながら考えてみようと情報交換をしました。座談会を通して「自分の自信につながった」「もっと先輩のように活動したい」という声がありました。参加したみんなの楽し気な表情があふれた座談会でした。

　2回の交流会の経験から，「会話」は互いに学び成長する場だと実感することができました。

(5) 頑張れる理由

　2回目の交流会は，2016年4月に八戸市で開催しました。参加者は前回の"らぶちる"，ヤンボラ，七戸町のジュニアリーダーズクラブに加え，NPO法人はちのへ未来ネットで活動するどり〜むキャンパスの高校生，鶴田・おいらせのジュニアリーダーズクラブと参加団体も広がりました。

　当日はアイスブレイク，各団体の活動紹介，座談会の流れで行いました。初めのアイスブレイクは，"らぶちる"が準備していたものを行いましたが，「高校生にやりたいアイスブレイクある？」と聞くと中高校生たちも持ちネタのゲームを行ってくれました。"らぶちる"も経験したことのないゲームでした。高校生も"らぶちる"と同じように普段から活動を通して，柔軟に対応する力があることに感心しました。

　次に各団体の活動紹介を行いました。各団体は"らぶちる"が行ったことのない遊びを行っていました。

　最後の座談会では自分たちが考

える「主体的に参加する」こととはというテーマで2つのグループに分かれて，「なぜ，活動しているのか」「活動を続けられているのはなぜか」話し合いました。この話の中で高校生が「活動が楽しくてやっている，一緒に活動する仲間がいるから楽しい」この言葉が多く述べられていました。そのなかで言葉にして思いを表現しきれない時は，"らぶちる"が質問を投げかけることで，中高校生の発言は具体的で豊かな内容へと変化していきました。自分自身中高生のころはボランティア活動を行ったことがなかったので活動している中高生がさまざまな経験をしていくことを羨ましく，頼もしく感じました。中・高校生との関わりから今後は弘前市に住んでいる中・高校生ともっと関わっていきたい，一緒に活動したいという気持ちが湧いてきました。

(6) あそびの力

2016年10月21日〜23日，弘前大学総合文化祭が弘前大学にて開催されました。5節でご紹介したとおり，私たち"らぶちる"は毎年この弘大祭で「らぶちるカフェ」を開催し，弘大祭に訪れた小・中・高校生たちと交流を重ねています。今年度の弘大祭では，この"らぶちる"カフェに加え「遊びサミット」を開催しました。

この遊びサミットは，七戸町・鶴田町・おいらせ町のジュニアリーダー，八戸市の短大生，久慈市中央公民館ヤンボラ，"らぶちる"の各団体が，弘前大学の教室に「遊び」をもちより，弘大祭に来場した子どもたちと遊びを通じて交流を図ることを目的に2016年10月21日，22日の2日間開催されました。

初めて訪れる弘前大学や，各団体の顔ぶれに，高校生やジュニアリーダーたち，"らぶちる"も少し緊張した様子でした。そこでまずは「アイスブレイク」（緊張をほぐし活動を円滑に進めるためのゲーム）。初めの進行は"らぶちる"が行いましたが，ジュニアリーダーたちにも進行を振ってみると，楽しそうにやってくれました。各団体の人たちは，教室に入ってきた頃よりも緊張がほぐれ，一緒に遊びの空間を創っていく最初の雰囲気づくりができたように思います。大人でも，子どもでも関わっていくはじめの「きっかけ」づくり，こうしたアイスブレイク

6. 高校生たちとの交流　69

の大切さを感じました。

　各団体の遊びの準備が始まります。10月ということもありハロウィーンをモチーフとした遊びや，カプラという木の積み木，マンカラというボードゲームなど，さまざまな遊びが始まりました。高校生やジュニアリーダーたちが思考を凝らしてきた遊びは，私たち大学生や大人も見て興味がわくような仕掛けづくりが盛り込まれていました。たとえば，ヤンボラの高校生たちが持ってきたのは，風船と糸を用いて行う「釣り」の遊び。ハロウィーンをモチーフとして，糸をひっかけて取る商品は，カボチャやお化けの型をしたアイロンビーズやお菓子でした。見た目も可愛く，私たち大学生や大人も思わず「やりたい！」と言ってしまうような遊びでした。

　「こんなふうにやるんです」と私たちに教えてくれた高校生たちは，すこしぎこちなさもありました。まだ会って数時間の大学生に慣れない様子が伺えました。こうした関わりのなかでも，やはり"らぶちる"が大切にしている「距離感」や，あそびを行ううえでの高校生たちの「主体性」を考えます。私たち"らぶちる"は，「これどんな風に作ったの？」「取るコツを教えて！」など，「遊び」を通じてコミュニケーションをとりながら，また，学校のことなどのたわいもない話をしながら高校生たちと関わることで，少しずつ高校生たちの緊張感がほぐれたように感じました。

　そんな緊張気味の高校生たちも，子どもたちが実際に来ると，「一緒にやろう！」と笑顔で，子どもたちと同じ目線に立って遊びを行っていました。さっきまでの緊張感などがなかったかのように感じました。そうした笑顔で接することは一緒に遊ぶ子どもたちの緊張もほぐします。高校生たちの様子を見て，改めて子どもたちとの接し方を考えるきっかけとなりました。

　今回，研究会や団体同士1対1での交流ではなく，あそびを持ち寄ってさまざまな団体と接したことで，また違った学び合いになったように思います。それは実際に子どもたちへの接し方やあそびを見て・やってみてわかる工夫など，これからの活動に活かしていきたいと思えるものでした。そして何より高校生やジュニアリーダーとつながりが生まれたことで，地域が違ってもまた一緒に活動した

い，という想いへと繋がったように感じました。

（7）広がることを目指して

　今回高校生たちと交流し，高校生たちからたくさんの力を感じました。高校生たちの持つ不安や葛藤，緊張，そして何よりも活動をやり遂げるやりがいや楽しさ，そうしたさまざまな想いが原動力となり，活動へ，そして地域の人びとや子どもたち，私たちへとその想いが伝わっていきます。だからこそ，これからも継続的に交流する機会や高校生たちが地域に出る機会を増やし，一緒に活動していきたいと感じました。そのためには，私たち"らぶちる"や地域の人びととの継続的な交流，情報共有が必要となります。しかし，お互いの学校生活もあり，距離的にも時間的にも簡単に逢うことはできません。そうしたなかで，これからもどのように情報を共有し合い継続して交流を続けていくかが課題として挙げられます。簡単に交流できないからこそ，1回1回の交流や活動を大切にこれからも高校生たちと交流を重ねていきたいと考えます。また，中高校生たちの活動を広げていきたいという願いを実現することが今後大切になってくると感じています。

執筆：斎藤大地（いっちー）・村上佳緒里（かお）

らぶちるじどうかん

3章
"らぶちる"から得たこと・学んだこと・悩んだこと

らぶちるメンバー&らぶちる卒業生

1. "らぶちる" 現役メンバーによる座談会

2章で "らぶちる" の具体的な活動を紹介してきましたが，"らぶちる" メンバーが本気になれる理由は何か，1章でおいちゃんが述べているようなことが "らぶちる" 内では本当に起きているのでしょうか？

この章では，現役メンバーによる座談会，卒業生から寄せられたメッセージから探っていきたいと思います。

「こどものまちミニひろさき vol.2」が開催された翌日の 2017 年 2 月 20 日（月）現役メンバー 5 人が集まり，"らぶちる" から得たこと・学んだこと・悩んだことについて話し合いました。

出席者　齋藤綾乃（あーちゃん，4 期），中田新子（ちーちゃん，4 期），浅原夏希
　　　　（つっきー，4 期），平山亮（ひらりー，7 期），高橋絢萌（めっと，7 期）
進行　　阿部香澄（かすみん，卒業生 3 期）
記録　　岸本麻依（まいしぇる，卒業生 3 期）

"らぶちる" に入ったきっかけ

めっと　先輩からの声がけがきっかけでした。児童養護施設に入所している子どもたちと関わってみて，もっと経験したいと思ったからです。

ひらりー　授業で "らぶちる" の活動が紹介されていたのがきっかけです。市民団体が運営する「こども食堂」に参加していました。親とご飯を食べられない子どもにご飯とか勉強とか教えるのと違った面から子どもと関わりたい，将来医師になるので年齢層に関わりなく理解したいという思いがありました。

つっきー　あーちゃんに誘われて。研究室で話し合っている先輩たちの関係を

見ていて「他のサークルと違う，楽しそう！ 入る！」それで入りました。

ちーちゃん　別のサークルに入っていたけどしっくりこなくて…。そんな時につっきーに誘われました。先輩たちが凄く仲が良く，おいちゃんは大学の先生って感じがしなくて。みんなでテーブルを囲んで話していて，そこにおいちゃんも居てなじんでいる感じがあった。

　　子どもの話だけでなく普通に話しているのが楽しかったです。みんなといるのが楽しそうだったから入りたいなあって。

かすみん　なんでしっくりこなかったの？ 他のサークルは。

ちーちゃん　人数が多すぎて一人ひとりとの関わりが薄いなあっていうことがしっくりこなかった。結局，どういう人なのかわかんない人たちと活動している感があって。

かすみん　先生っていう感じがしないっていうのは話してみて感じたのかな？

ちーちゃん　話してみてとか，雰囲気ですね。なんか最初おいちゃんの研究室へ入ったときに，みんなでテーブル囲んで話をしていてそこにおいちゃんも居てなじんでいる感があったから。

あーちゃん　わたしは大学に入学して新しいことをいっぱいしたい時期においちゃんの授業を受講して「遊び」の考え方にすごくびっくりしたことがきっかけでした。「今まで自分が遊んできたのって本当に遊びだったのかな」，「遊びに広がりがあるってどういうこと？ なんかすごそう，もっと知りたい」，「"らぶちる"の人たちに会ってみたい」って。後日研究室に行ってみたら，思いのほかゆるい雰囲気でまたびっくりしました。そして，もっと知りたいと思い「らぶちるじどうかん」にも行ってみました。子どもたちがすごくニコニコしていて，「遊びのおもちゃも作れるんだ」ととにかく驚きで，一緒にやってみたいと感じるようになりました。

"らぶちる" に入ったことでの自分自身の変化

かすみん　一通りみんなに聞いてみて，参加してみて変わったこととか，最初の第一印象とか，らぶちるに入ってみて関わってみて気持ちの変化とかこう思っ

たとか大変だったこととか，いっぱいあるんだけど，まず関わってみて最初に
入った時と印象が変わったことを教えてください。

ちーちゃん　印象が変わったのは佐井村（まち探検）かな。入ったばかりで何が何
だかわからず，何をすれば良いのかもわかりませんでした。「広がりがある遊
び」の説明は受けていたけど実感としてはなかった。佐井村に行って企画を
やって，そのなかで先輩たちと話したり佐井村の人たちとの反省会で，みんな
が話していることを聞いているうちに，なんか"らぶちる"って普段はゆるゆ
るしているけど，すごく考えているんだなって思いました。先輩たちは自分が
気づかないところまで気づいているし，いろんな視点から子どものことを考え
ているんだなって思って，「自分もそういうふうにやってみたいな」「頑張ろ
う」という機会になったのが佐井村でした。

めっと　私は最近入ったばかりなので，らぶちるとして関わった行事は「こども
のまち」です。先輩たちは子どもたちのありとあらゆる方面から子どもを第一
優先に考えていて，私は入ったきっかけが自分主体で，自分が子どもたちとか
かわる機会を増やしたいという気持ちで参加したので，そこにギャップを感じ
ていました。

　しかし，こどものまちでの子どもたちの笑顔を見て，先輩たちはこの笑顔の
ために朝早くから夜遅くまで頑張れていたことに気づけました。

ひらりー　僕もめっとと同じ時期に入りました。入った当初はゆるふわ系のサー
クルかな？　と思っていました。こどものまち直前になるにつれて時間をかけ
て計画を詰めていくようになり，人数が多くはないからこそ，自分のこだわり
を出していけるんだなぁと。

　周りの人がそこまでこだわらなくてもいいのではないかと思うなかで，「こ
どものまちは親に見せるものじゃない」という強いこだわりを持って，らぶち
るメンバー一人ひとりの想いをできる限り叶えつつ，子どものためにできる
サークルだと思いました。

つっきー　1年生から今まで"らぶちる"に対しての印象は全く変わってなくて，
入った時からガチだなっていうものは感じてて，子どもが遊ぶ活動をただやれ

ば良いってだけじゃないところがほかのサークルと違うところで，その印象は変わってないです。"遊び"一つひとつに対しても，子どもがどう遊ぶか，そこでの危険性はなにかと考えられることを一つひとつ丁寧に詰めていくあたりが，ただ遊ぶだけじゃないなって思う。

あーちゃん　私もつっきーと一緒で，緩いとき緩いけど，やるときほんとにちゃんとやってるなあっていうのはずっと変わってないですね。でも自分のなかで何かが変わったとすれば，，，何だろう。

子どもと遊ぶ，子どもと関わる責任感

つっきー　責任感的な意識は変わった気がする。1年生の時は「あ～，やります～」みたいな感じだったけど，やらされてるっていう感じでもなく，「やりたい」っていう気持ちがあるからやってきた感がある。

ちーちゃん　責任感の重圧は3年生の時がマックスで。実践を重ねるたびに「イベントの前は楽しみだけど怖い」みたいな気持ちが強くなっていった。これで大丈夫かなあっていう不安もあるし，けがとか急な病気とかあったら子どもにどう対応するとかもあるし，「こどものまち」は特に入国から出国までの流れがあって，そのなかでやることがあって，計画通りにもちろんいかないしそのなかでどうフォローしていこうかなとか，子どものこと考えるからこそ"らぶちる"のメンバーのことも考えていかなきゃって思う気持ちも強くなっていったから。そういうのはやらされてるじゃなくて内側から出てくる，自分自身の面白みみたいな感じ。

あーちゃん　本番直前の恐怖感は年々増している気がする。

ちーちゃん　怖くて眠れない…。

あーちゃん　それある。

　　　毎回毎回「こうすればよかったなぁ！」とか。最近は"らぶちる"と子どもじゃなくてもっと子ども同士でも関わってほしいと思うようになってきた。それはそれで，どうしていったら良いのか，わかんないことがどんどん出てきた。こうしたいって思いはすっごいあるんだけど，どうしていいかわかんない

ことがいっぱい出てくるようになったことに気づけるようになったんだなって。

ちーちゃん　子ども同士でもっと関わって欲しいという想いがある。子どもと"らぶちる"メンバーでやっていることを，子ども同士でやれたらいいなとは思うけど，どうすれば良いかはわからない…。

つっきー　声がけとか，言葉の選び方とかもほんと難しいなって思う。

ちーちゃん　声がけで，たまたまその時うまくいったとしても，違う子どもに声をかけるときはまた違う声がけが必要だし，同じ子どもでも気持ちなどの変化があるし，正解とかないから，そのなかでどれを選択して考えればいいのかは年々難しくなってきているなぁ。いろんな選択肢が増えていくけど。良いのかなぁとか，もっと違うやり方あったなあとか。

めっと　"らぶちる"は，子どもに寄り添って子どもを第一に考える団体だと思っています。私のイメージだと学校の先生は，しっかりみんなをまとめて学校生活が送れるようにする責務があると思うけど，またそれとは違った角度から子どもと関わっていくことだから，どこまで声をかければいいかの境目がわからなくなったりもしました。こどものまちの「こどもスタッフ会議」で，子どもたちが話し合いとは関係ない話をしていたり，話している子がいても全然話を聞いていない子がいたり，どの場面でどんな言葉をかければいいのかわからなくて，ただ先輩を見ていることしかできなくて。自分的にはどうすればいいんだろうと戸惑うばかりでした。こどものまちを通して，私たちは子どもたちを託してもらってやっていることだから本当に絶大な信用を得て，責任感を感じなきゃいけないってことに気づきました。

ひらりー　「こどもスタッフ会議」で，関係ない話をしている子や遊びだしたりする子がいて，見守って自発的にやるのを待つのか，でも時間の制限もあるから言わなきゃいけない時もあって，どこまで待つか悩みました。距離が近い子（他の人が嫌がりそうなことをしている子）もいて。僕は親戚に子どもが多くて，体をはって子どもと関わることが多いので，殴られたりおんぶしたりすることは嫌ではないのですが…。でも，他の場所でその動きをした時に問題になるか

もしれないので，自分の感情と他の人から見た時の感情を考えなければならないといった意見が反省で出ました。こどものまち当日，僕は真冬にもかかわらず半袖の服装で参加したら，周りと違うから気持ち悪いとかキモイとか言われて，その子が周りの子へも広めるようになって，この状況を許しておくのは危ないのかな。他の場所でこのようなことがあったら，一人をまつりあげていじめに発展してしまわないかという思いがありました。そのとき，自分のやることをして，放っておいたという対応は適切だったのか，言葉をかけたほうがよかったのかと悩みました。せめて，どうしてそう言ったのか，聞いておけばよかったと思っています。

かすみん 自分の感情や振る舞いと，相手が思うことの差がどうかっていうのは，なんで気づいたのかな。

ひらりー みんなが腑に落ちるような動きとか考え方をしたいなって思ったときです。中立的でいたいと思っていて，だからその動きや考え方は第三者から見たらどうなのかというのは，日ごろから考えようと思っています。

子どもとの関わりから得られるものとは

かすみん 大変なこともあり，いろんな活動をしていくなかで，さっきの話にも出てたんだけど自分自身の変化とか，活動してきての気づきとか学びっていうのは？

　　　今は話を聞いてると自分自身のことが多かったけど，子どもと関わって自分がどう変わったのかとか。気づきとか学びっていうのを教えてほしい。

あーちゃん 私はもともと子どもが好きだったのですが，好きな理由がわからなくてとりあえず「かわいい！」って感じでした。「温泉」をテーマに「らぶちるじどうかん」を開催したときに，たくさんある青いペットボトルキャップの中に赤いペットボトルキャップを入れて金魚と言っていた子たちをみて，感性が面白くて，この子たちと向き合っていたらもっと面白いと思って，大人には理解不能な感性がもっと好きになりました。子どもの世界がその子のなかでも数秒後には「やっぱやめた」と変わったり，もっと膨らんだり，子ども同士で

1.　"らぶちる"現役メンバーによる座談会　　**79**

遊んでいて勝手に話がどんどん作られていったりすることが、会話のなかや表情などからしか読み取れないけれどもおもしろいと思いました。子どものなかには、大人にはわからない子どもだけの世界が広がっているんだろうなって思うとすごいなって思って。

つっきー　同じ子どもでもその時によって違うし、一人ひとり全然考え方とか世界観も違うからまた面白いし、その世界観の違う子どもたち同士で、一緒に相談しあってひとつのことをやっていくっていうのもまたおもしろいなって思う。そういうのに気づけるようになったっていうのは1年生の初期とはけっこう違うなって思う。

　　あと、1年生の時と自分が変わったのは、子どもたち同士でどうにかなるなって思えるようになったこと。それは結構でかいかな。

かすみん　なぜ子ども同士で大丈夫だなって思えるの?

つっきー　経験を重ねていくうちに、子どもたちの様子とか見ながら徐々にそう思えるようになったかなあと思う。自分も子どもたちと話したり、なんかあった時に少しずつ任せてみるっていうか、あんまりうちらがやらないように少しずつ自分の中で引いていくっていうか、そうしていきながら子どもたちをみていくうちに、逆に「"らぶちる"がやらないほうがうまくいくな」って少しずつ感じるようになったかな。

ちーちゃん　今のつっきーの話はしっくりきた。佐井村の「まち探検」で、松葉杖をついている子が私の班にいたのですが、岩場や足場が悪い所を歩くから大丈夫か、サポートしなきゃいけないと思っていました。いざ当日になり、本人に任せてみると、「ここまで松葉杖で行けるけど、ここからは行けないから座って待っている」という判断ができていて、周りの子は待っている子を一人にしないのです。たとえば、ミッションカードも「松葉杖の子が開ける役ね!」という風にしていて、子どもたちのなかでできること、できないことにバラつきがあるけれど、全班員ができるように、楽しめるように、子どもたちだけで調整できている。子どもたちが納得できている、そっちの方がいいなって。そういう実感は"らぶちる"で子どもと関わることで生まれた。

かすみん 1年生はどうですか？

めっと こどものまちで私は銀行のサポート役だったのですが，銀行は低学年と高学年とでお仕事を分けていました。これはちょっと低学年には難しそうっていうお仕事と，低学年でも簡単にできそうっていうお仕事に分けていました。一日目から来てくれていたおとなしくてあまりお話ししない子が，何回も何回も来てくれて，二日目の午後に「高学年みたいな仕事がやりたい！」って主張してくれて，成長を見ることができたことがうれしかったです。実際にその子に仕事をしてもらったら，きちんとできていて，子どもの可能性や限界はこっちが決めちゃいけないと実感しました。

ひらりー 普段はわちゃわちゃしている子どもたちでも，"こどものまち"でいざやることができれば，責任感を感じて，「自分の仕事をきっちりこなしていこう」という意識が見えて，子どもって呼んではいるけれど，ひとりの人として見ないといけないと思いましたね。限界を決めないことに近いですが，もっと突き抜けた自由な発想もあってもいいし，枠にあてはめないようにしていきたいと思いました。

地域社会と協働することの難しさ

かすみん "らぶちる"は地域の人とも関わっていくけど，それに関して思ったこと，それをすることで自分たちがどう変化したかとか，こういう時はこういうふうに心構えしなきゃいけないんだなぁとかを聞いてみたい。

つっきー "らぶちる"内では学年が違っても同じ立ち位置なのですが，地域の方たちは微妙に違う立ち位置となっていることがあり，そこを揃えるのが難しいと思ったかな。「こどものまち」で例えると，大人スタッフも"らぶちる"と同じ立ち位置だと思っていたけど，大人スタッフは，"らぶちる"を支える立ち位置になっていた。

それから，情報共有も難しいなと思いました。企画を詰めていく過程で変更点が次々出てくるのですが，頻繁に会えないし，メールを送っても文字だけでは伝わらないこともたくさんあるからそこが難しいと思いました。

1. "らぶちる"現役メンバーによる座談会　81

イメージを共有するのも難しいと思っています。"らぶちる"メンバーは，話し合いのなかで共有しているけど，話し合いに参加できない人たちとのイメージ共有も難しいなぁと。

ちーちゃん　私も難しいと思っています。こどものまちのお店のひとつとして設置した「ホームセンター」を例にすると「ホームセンター」に対するイメージが一人ひとり違うし，「ホームセンター」での子ども同士の関わり方も違ってきます。そのなかで同じ「ホームセンター」のイメージをつくるにはみんなで集まって話し合っていかないと成立しない。時間をかけて話し合うのが一番大切だけど，働いている人に「毎日話し合いに来てください」なんて言えないし…話し合いの過程のなかでできあがっていくイメージを，話し合いの結果だけ伝えたとしても「伝わりきっていない，どうしよう…」という課題を持っています。

"らぶちる"にとって地域の大人と関わる意義とは

かすみん　みんなにとって地域の人と関わる意義っていうのは？

ちーちゃん　私は地域の方々と関わってきて，保護者への対応は子どもへの対応だろうなって考えています。数年前に大鰐町の子どもたちが街を探検して「おおわに検定」を作るイベントに"らぶちる"が関わった時のエピソードとして，子どもたちが家に帰ってその日の出来事を保護者に伝えることで，「大鰐町に対するイメージが変わってきている」という後日談を伺いました。そういう意味で大きかったというか意義があるというか。地域の人と話して気づくことはほかにもたくさんあります。子どもに丁寧に接することで保護者も信頼してくれるのだと思えるようになったかな。

あーちゃん　私は地域の人と関わることがすごく面白くて。一人ひとり経験してきたことが違っていて，子どもと接する時大事にしていることやアプローチも違っていて，さまざまな考え方があることに気づかされて。"らぶちる"と意見が違っていても，それは悪いことではなく，むしろいいことだと思っていて，いろんな大人がいて良いと思えるようになったし，さまざまな大人がいて，子

どもをみんなで見ていくことが良いのではないかと思っています。

　「あそびサミット」という初めての試みの時も，地域のシニアリーダーの方たちは，その場を盛り上げて子どもたちの気持ちを上げることを凄く大事にしていて，たくさんの引き出しを持っていることに「すごいな」って感心しました。でも，"らぶちる"的には「のんびり遊んだり，いろんな遊び方があったりしても良いのではないか」という反省も出ました。このようにさまざまな考え方に触れることで，"らぶちる"が大切にしていることを再確認して，新しいことをどんどん取り入れられるのではないかと感じました。

かすみん　1年生は地域の人が関わるっていうのは知らなかったよね？

めっと　「こどものまち」では，本番でしかお会いする機会がなかったので，この人誰だろうって思っていました(笑)。普段はお仕事もなさっていて忙しいのに，話し合いなど遅い時間まで参加してくださっていることに「素晴らしいな」と思いました。大人と私たちの関係性のなかでも，別に大人だからといって大人の意見を突き通すのではなく，私たちの意見も受け入れながら，「じゃあ，こういう方法は？」と次々と意見を出してくださり，その視点はものすごく大切だと，尊敬するばかりでした。

ひらりー　当日初めて来た人でも，その人がいないと回らなくなると思いました。その人の動きも割り振られているから，その人が抜けるだけで厳しくなることもあるし，お手伝いだからという感覚ではなく，一員としてしっかり関わっていただいていると思います。僕らは普段"らぶちる"内で話し合っているからこそ，地域の人から見える意見は大事にしないと次に繋がっていかないと思っています。

つっきー　「こどものまち」の大人スタッフYさんの感想を聞いて思ったんだけど，Yさんが多分一番変わったと思う。いつもだったらNさんは盛り上げようとして，自分が結構出ていきがちだけど，「こどものまち」でいつもより子どもに寄り添う姿が見られた。そして，「子どもと"らぶちる"の関係になっていたが，本当は子どもと子どもの関係をらぶチアーノ族が支えるのが理想だ」と反省会で言ってたのを聞いて，私たちの子どもに対する関わり方が少しずつN

さんに伝わっていったのかなと。そういう大人を一人ずつ増やしていけるところがすごいと感じました。

　"らぶちる"の活動で，他の地域の団体や大人がつくる団体と少しずつ関係構築していくなかで，"らぶちる"がいろいろな困難な状況にいる子どもたちをも支えられるのではないかと感じました。学生だけで活動していたら活動範囲が狭まってしまうので，地域の人と繋がることで，さまざまな子どもたちを支えるきっかけになっていけるのではないかと考えています。

"らぶちる"，そして自分の，今後の展望

ひらりー　こどものまち当日，銀行にいて「次も使えるの？」「次もやってよ」「またやってほしい」「一週間やって〜」と子どもに言われた時に，"らぶちる"に対する期待値が高いなぁと実感しました。メンバーは少ないけれどなんとか折り合いをつけて来年もやっていきたい。

　自分は将来，医療に関わるので，「その子はどう思うのか」を考えて対応していけるようになりたいです。子どもの興味はいろいろなところに向くことや，子どもたちの背景も考えていきたいです。家庭環境や地域環境，教育現場の現状など子どもの背景や関わりなどを総合的に考えられるようになりたいですね。

めっと　これまでは当たり前のように行事に参加してきたけど，行事当日に至るまで多くの人たちが関わって，たくさんの努力や思いが，その行事に込められてるってことに，「こどものまち」を経験して気づけました。先輩たちや地域の方々を見ていて，私が今まで経験した行事は当たり前のことじゃない，ありがたみを感じていこうって思いました。これからは，自分主体じゃなくて子どもたちのことをもっと優先的に考えられるようにしていきたいと思いました。

　「こどものまちを来年もやってね」ととても綺麗な眼差しで言ってくれた子どもたちのことを想うと，子どもの笑顔のために頑張っていけるサークルにしたいです。

　私は養護教諭になりたいんです。たとえば被災地の子や児童養護施設のよ

うに事情があって親と離れて暮らしている子の施設へ行って，子どもたちの心とかに寄り添うことのできる活動をしたいと思っています。

つっきー　"らぶちる"が大切にしていることを今後も大切にしていけたらなと思いますね。自分は，今後も手探りだけどいろんな子と触れ合いながら，目の前の子に自分がどう関わっていくかという選択肢を増やしていきたい。正解が一つではない，沢山考えて自分の中で学べていけると思うからこそ，今後も大切にしていきたいです。

　後輩たちに伝えたいこととしては，「やる」って言ったからにはやっぱ責任はあるから，ちゃんと守んなきゃっていうか，その責任をわかったうえで「やる」って言わなきゃいけないっていうことはみんな持っていてほしいなと思う。

　それから，話し合いを大切にしてほしい。直接会って顔を見ながら話し合いをすることがみんなのために，子どもたちのためにもなると思います。話し合いの中身を深められる最善の方法だと思います。文字だけだと伝わらないし，イメージも共有できないし，結局文字だけ見ても直接会って聞かないと話し合いになっていないというか深まっていかないからLINEで手っ取り早くやろうっていう感じじゃなくてちょっと来るのは大変かもしれないけどなんとか時間を見つけて少しずつでも直接会って話し合っていった方が絶対いいと思う。

ちーちゃん　「子どもの今のために」という気持ちでやってきたからそこは忘れないでほしい。今までやってきたことを全部世襲する必要はないから，自分たちでやりたいことを自由に企画してほしいです。子どもの気持ちを裏切れないし，子どもの笑顔のためにやっているからこそ，その笑顔を"らぶちる"の都合で曇らせてほしくないです。

　自分はこれから高校の先生になります。"らぶちる"での経験を通して，子どもが学んだり成長したりする場面って学校だけではないという実感が強くあって，むしろ学校の外の方が人との関わり，違う世代の人との関わりが沢山あるから学校外の"学び"はもの凄く大事だなって思っています。そのうえで

1.　"らぶちる"現役メンバーによる座談会　　85

学校現場にあえていくのは，子どもの心にとって学校が占める割合ってとても高いと思っているからで，学校での人間関係や経験で気持ちが落ち込んだり，辛くなったりすることが沢山あると思うから，そういう子どもを支えたいなって思っています。"らぶちる"で経験したことを活かしつつ，「子どもの笑顔のため」という信念は曲げずにいきたいです。これからも私は"らぶちる"の一員だから，"らぶちる"としても子どもたちと関わっていけたらなっていうのが自分の今後のやりたいことです。

あーちゃん　まずらぶちるのこれからを考えたときに2つ伝えたいことがあって，ひとつ目は"らぶちる"が今後どうなるか不安になったり，上手くいかず苦しくなったりした時はいろんな人にぜひ頼って欲しいということかな。"らぶちる"を助けてくれる人が沢山います。一緒に頑張る仲間を増やすことは，みんなが楽しく活動することや子どものためにもなるから，どんどん仲間が増えるのはありだと思う。2つ目は，思ったことはちゃんと伝えた方がいいということです。いろいろなことがあるし，言わないでもやもやしたままにしておくとそれが話し合いにも響くし，子どもへも影響していきます。みんなも楽しく活動できなくなるから思ったことはその場で言った方がいいと思います。

　私は元々学校の先生になりたくて大学に入ったわけではなくて，子どもが好きで，小学校だといろんな教科を教えることができるから小学校専修に進み，"らぶちる"での活動を通して教師になりたいと考えるようになりました。"らぶちる"の外部の人たちと関わるなかで「学校ってちょっとやだよねぇ」，「学校みたいになりたくない」という言葉が何回も出てきて学校ってそういう場所なのかって思いつつも，学校がずっとそういう場であり続けることも嫌で，変われるものがあるのではないかと考えて教員になりたいと思いました。子どもと子どもをつなげつつ，子どもの世界がどんどん広がっていくような環境づくりができたらいいなと思っています。

　それから，「○○してあげる」という言葉もあまり使いたくないです。「話をきいてあげる」「やってあげる」というのは当然のことで，それが教員の仕事だと思います。まずは教師をやってみて，それでだめだったらその時はその時

で考えようかなと。

まいしぇる　もっといろいろ思っていることはあるんだろうなって記録をとりながら感じました。言葉にできないものもあるだろうし，私もそうなんですけど感覚の方がすごく大きくて。だからそれを実際会って話すというか伝えることが大事だっていう感覚もみんな持っているなって思ったからそういうのを大事にしていきたいなって思いました。

かすみん　今日は，1年生から4年生までの話を聞いて，かつての自分と同じように成長していくのだろうという様子が垣間見えた気がして面白かったです。自分の反省とか気づいたことを再確認する機会はなかなかないので，良い機会になったのではないかと思いますし，私自身も学びになったなと思いました。座談会は終了です。ありがとうございました。

執筆：横山裟起（けさまる）

2. "らぶちる" 卒業生からのメッセージ

初心に帰る場所

社会人 5 年生　安達美里（あだっちゃん）

　今の私にとって "らぶちる" は，ふとした瞬間に初心に帰る場所です。

　"らぶちる" で一番心に残っているのは，シンポジウムで「大人と子どもは何が違うの？」「いつから大人なの？」というテーマで高校生や大学生，そして来てくださった方々と話し合ったことです。どうしてこのテーマになったのか，今では覚えていないのですが，皆で話し合って決めたテーマでした。"らぶちる" として活動している私たちにとって，ぴったりなテーマだったのかなぁと思います。

　実は，今でもこの問いは考え中です。当時シンポジウムで司会をやらせていただいたとき，「どうやってまとめたらいいですか。」とおいちゃんに聞いたら，「まとめなくていいんじゃない。」と言われたことを覚えています。そのとき，答えなんてないんだなあと感じました。いろんな世代で話し合い，考えることが大切だったのだと思います。そして，今でも考え続けています。もう学生ではないですし，社会人なので世間から見たら大人なのですが，自分では実感がありません。何となく，心の中では，大人になるのを拒否しているような，なりたくないような，そんな自分がいます。それは私の中に，大人とは，頭が固いような，偉そうな，いろいろなことを諦めるような，そんなイメージがあるからかもしれません。

　悩んだときや，落ち込んだときに，"らぶちる" で考えたことやみんなで話し合ったことを振り返りながら，もう一度このテーマを自分に問い直しています。子どもと接するときは，特に考えます。子どもを叱っていると，偉そうだったり目線が上になっていたりする自分に驚き，自分も大人になっちゃったかあと思います。そんなときに，"らぶちる" で，がむしゃらに子どもたちと遊んだときのことや，らぶちる広場で中学生や高校生と語り合ったときのことを思い出します。振り返ることのできる "らぶちる" での思い出，それは私の宝物です。

こどもたちのためはじぶんのため

市立幼稚園教諭　太田亜希 (あっきー)

「一緒に面白そうなことやらない？」と友だちに誘われて，子どもと関わることに関係があることということ以外はわからずに，楽しそうだったから入ってみた"らぶちる"でした。当時は，"らぶちる"という名前も決まっていなくて，自分たちが互いに呼び合う「らぶちるネーム」と団体名を話し合って決めていくことからはじまりました。話し合いをはじめて，初めて会った後輩たちが，緊張しながらも自分の考えたことを一生懸命話そうとする姿に「ああ，すごいな。この子たちと一緒にできるんだ，楽しみだな，私も頑張ろう。」とワクワクしたことを覚えています。"らぶちる"の一人ひとりが面白い考えをもっていて，毎回の話し合いが自分の身になっていたと感じます。

　私は幼稚園教諭を目指して大学に入りましたが，子どもとどう接していいのか，何が楽しいと感じてもらえるのかがわからず，自分にはできない仕事なのではと悩んでいた時期がありました。しかし，らぶちるで，「子どもと大人の違いって何？」「子どもたちと何をしたい？」など，普段考えることがないようなたくさんのことを真剣に話し合うなかで，自分が何を考えているのか，何を大事にしたいのかが言葉になって目の前に出てくるようになり，子どものことを考えることは，自分のことを振り返ったり新しい自分を見つけたりしていることに繋がっているということに気がつきました。また，"らぶちる"の活動で，児童館や少年院に行ったり，シンポジウムや他県の市の事業に参加したりとさまざまなことを経験し，自分が何をしたいのか，関わっていく子どもたちに何ができるのかを真剣に考え将来を見すえるようになりました。"らぶちる"の皆で話し合っている時の熱気，姿勢，そして，経験したことで得た知識や遊びの引き出しは，今の幼稚園教諭としての私に活きています。

ハートフルな空間

仙台市・小学校教諭　尾形　綾香（あやちゃん）

　私は大学３年生のときに，友人あだっちゃんを通しておいちゃんと出会いました。先生の子どもたちを想う愛情の深さに共感し，後に"らぶちる"と名づけられたこの活動に参加することにしました。"らぶちる"の一員として活動したのは約２年でしたが，いま思い返してみてもその期間は本当にあっという間で充実した日々であったと思います。

　今でも特に思い出に残っているのは「子どもを守る文化会議」です。この会議を成功させるために多くの中高生との話し合いを繰り返し行いました。「大学生とタッグを組もう」と題して，大人に対する不満や，将来への不安など，彼らの生の声を聞きました。

　その叫びとも言える生の声を代弁した劇の作成，会場との生討論などに向けた話し合いは繰り返し行われました。その話し合いでは，それぞれの理想に近づけるためにさまざまな意見の食い違いもありました。しかし，すべての活動においてメンバーには「子どもたちのために」という思いがありました。この確固たる思いがあったからこそ，意見の食い違いがあっても，全員が納得できるまで討論を重ねました。自分の偏った理想論を修正したり，新たな学びを得たりして，自分だけでなく"らぶちる"全体が成長していったように思います。

　その甲斐あって，文化会議は大成功。一から準備した企画に大きな満足感を得ることができました。

　"らぶちる"を通して関わった子どもたちは，就学以前の小さいお子さんから高校生までと幅が広く，それまでに実習などを通して学んだことだけでは通じない部分が数多くありました。子どもの多様性という面でかなり影響を受けたという実感があります。現在，職場では小学生との関わりがほとんどですが，将来のことを見据えての指導において，"らぶちる"の経験がかなり生きていると実感する毎日です。

視野を広げてくれた場所

放課後等デイサービス「スマイルリズム」管理責任者
山野 みのり（みのっち）

　子どもは学校だけでなく，地域でも，遊び，学び，生活しています。"らぶちる"は，地域で子どもを育てる大切さ，そして今どれだけそれらが難しいことかを私に気づかせてくれた場所でした。

　「子どもたちの遊ぶ「三間」が失われていっている」――"らぶちる"で行った議論のひとつです。"らぶちる"では，子どもたちの遊び場を弘前マルシェでつくったり，地域が一丸となって子育てをしている場所へ学びに行ったりと，子どもの「三間」について，よく考える機会がありました。

　社会人になり，さいたま市の小学校で特別支援学級の担任をしていた時，この三間の消失，重要性を改めて実感しました。特に私が担任していたクラスは，保護者から離れて遊びに行くことができず，家でテレビやゲームをして過ごす時間が大半だという子もいました。時間はあるけれど，一緒に遊ぶ仲間がいないこと，そして安全に遊ぶことができる空間がないこと，などが課題でした。また，通常学級のなかにも，遊びの幅が狭く，遊びの基準がわからない子どもがいました。遊び方を知らない子どもは，人間関係で許される基準も知りません。子どもたちが抱えている課題の原因が多様かつ複雑すぎて，問題の根本的な解決ができることは大変稀でした。

　私は，この春，さいたま市で放課後等デイサービスを開設しました。"らぶちる"で学んだ「地域で子どもを育てる」という考えが大変役立っています。また，おいちゃんに連れていってもらった児童館の見学や，遊び場づくりをした経験が，私の今のひらめきの種になっています。子どもたちが放課後や休日に"遊び"ながら成長できる場所をつくること，そして，子どもたちの経験を厚く広く，豊かにすることが今の私の目標です。

　"らぶちる"で私とともに学んでくれた仲間たち，その空間と時間をつくってくださったおいちゃんに感謝しています。

「今」と「この先」につながる場所

小学校教員　八峠　有希（やとぅ）

　子どもと関わる多様性と可能性を教えてくれたのが「らぶちる」でした。"らぶちる"と出会ったのは大学3年生の時です。私の中高生の頃の夢は児童福祉士や心理カウンセラーになることでした。人に寄り添い，支えていくことでした。そこから紆余曲折を経て教師を目指します。今は小学校教員5年目ですが，今でも，3年生ではなくもっと早くに"らぶちる"に出会えていたらと思うことがあります。今とはまた違う道に進んでいたかもしれません。

　まず大きな出来事として，岩手県立児童館いわてこどもの森のゆっきぃさんとの出会いがあげられます。私が育った町の児童館は室内用の読書できる場所があり，外に遊具が数点ある児童館でした。しかし，こどもの森は違いました。館内や館外で子どもたちをただ遊ばせるだけではなく，ワクワク・ドキドキするしかけがたくさんありました。大人が企画しているものです。今まで身の回りにあった子どもとの関わり方へ私は目を向けていませんでした。しかしこどもの森に出会ったことで「子どもたちと関わることのできる仕事」に新たに気づくことができました。「なんて楽しそうに活動しているのだろう。」仕事をしているゆっきぃさんが輝いて見えました。

　他にも山形県で子育てのまちづくりに取り組んでいる，とある温泉街の方々や，秋田の児童館の職員さん，青森県内の中高生たちとの出会いで，子どもたちを取り巻くいろいろな環境に出会えました。さまざまな「大人」がいて，子どもたちとの関わり方・支え方もまた多様であることに気づきました。働きはじめた今でもその視点で自分の周りを見渡しています。「自分ひとりだけではなく，周りの人と協力して子どもを見て，アプローチしていく」ことを心がけています。私の考え方を，今，そしてこの先につなげてくれた場所が"らぶちる"です。

成長できる場

学童保育指導員　工藤　未和子（みっこ）

　大学2年，大学の勉強が何となく空虚に感じて，自分に合わないんじゃないか
と感じていた頃。自分自身の将来のことを考えて何とか今と違う環境にしたいと
思っていた時でした。らぶちるとの出会いはひょんなことからやってきました。
同じ幼児教育ゼミの先輩あっきぃさんが声をかけてくださったのがきっかけで，
この日からおいちゃんの研究室にてらぶちるとしての活動が始まったのでした。
先輩方のものすごい熱量を感じたのを覚えています。そして，私の知識がここで
カタチになっていくのを感じました。私にとって大学の講義で学んだことは現実
味がなさすぎて「これって意味あるのかな，わかるけどピンとこないな」と思っ
ていました。でも，らぶちるでの話し合いや実際に自分自身が感じることで知識
がイメージできるようになったのでした。

　佐井村でのちびっこ海賊まち探検(2013)は，ものすごく大きな経験として残っ
ています。初めてのプロジェクトで，佐井村のぽぷりさんや藤井さん，たくさん
の大人たちと対面し，協力してひとつのものを作り上げていくことの難しさ，現
地に足を運ぶことの大切さ，自分たちの未熟さ故にうまくいかないもどかしさ，
遊びを追求することの楽しさ，数え切れないほどたくさんの感情とたくさんの経
験をさせていただきました。そしてなにより，佐井村の子どもたちの笑顔をたく
さん見ることができたのが一番の思い出です。宝の箱を見つけた瞬間，あの空間
にいた全員が一体になった感覚がありました。「遊びの力ってこんなにもすごい
んだ」と本当に感激しました。

　子どもの笑顔をつくれる大人になりたいと，今は都内で学童保育指導員として
従事しています。毎日こんな素晴らしい出来事ばかりではないですが，子どもた
ちの笑顔を見ると佐井村のあの経験が思い出され，私の原動力のひとつとなっ
ています。

　おいちゃん，仲間たちとのらぶちるでの経験は大切な財産です。

自分にとって "らぶちる" は誇り

社会人3年生　久保澤　佑貴 (ゆきち)

　私が "らぶちる" に入ったきっかけは，おいちゃんの講義をたまたま受けていて，先輩に「今日活動があるから来てみなよ」と誘われたことです。最初は成すがままに事が進んでいきました。最初は流れに身を任せて活動に参加していましたが，先生や先輩，後輩の子どもたちに対する考えや想いを聞いていくうちに，子どものために必死になれるって素晴らしいと感じ，本気で取り組んでいくようになりました。

　私のなかで一番印象に残っている活動が3年生のときの佐井村での活動です。初めて弘前市内を出て行った活動がこの佐井村での活動でした。2か月ほど前から実際に活動する場所を下見し，どんな活動を行うかを考えました。

　すべての活動が決まり，準備に入ると，あらゆる点で不備が見つかり，どうしたら上手くいくか全員で考え，当日に向かっていきました。活動する場所が遠いため，ほぼぶっつけ本番状態なのでとても不安でした。

　でも，はじまってみると，弾けるような笑顔で子どもたちは活動していました。このとき本当に「準備して良かった」，「やればできる」といった達成感と感動でいっぱいになりました。現在も佐井村で年に一度活動を行っているので，このつながりを大切にしていってほしいと思っています。ここまではほんの一部ですが，自分の "らぶちる" に在籍していた頃の思い出です。

　私は現在大学を卒業し，直接的に子どもとかかわることはほぼありません。でも，仕事以外で子どもとかかわるとき "らぶちる" の経験が役に立っています。"らぶちる" での経験は，上手く言えませんが，私の財産として必ず残っていくものです。自分たちの活動を誇りに思っています。

　これからこのような活動をする人がどんどん増えることが，さまざまな環境のもとに育つ子どもたちにとってプラスになっていくのではないか，私はそう思います。

中毒性がある空間だ

学童クラブ職員　　阿部　香澄（かすみん）

　私が「"らぶちる"は中毒性がある空間だ」と思う一番大きな理由は，"らぶちる"には話し合いが多いことです。遊びの企画が決まると話し合いが始まります。どこで遊びを展開するのか，どんな遊びをするのか，遊びをするときにどんなことに気をつけたら良いのか，子どもとの関わり方についてなど書ききれないほど，考えなくてはならないことがあります。これを長くて半年前から時間をかけて話し合っていきます。話し合えば話し合うほど迷宮入りになったり，お互いにぶつかったりします。また，学業もあるので，大学の課題が重なると話し合いに参加できなくて，話についていけなくなるなどさまざまな問題が多発します。しかし，このようにたくさんの困難を乗り越えながら考えた遊びは，自信を持って子どもたちに展開することができます。もちろん子どもによっては私たちが考えた遊びが不評なこともあるのですが，多くはとっても楽しんでくれます。また，遊んだあとに遊びを撤去しようとすると，「もう終わっちゃうの？」「楽しかったよ」と言ってくれる子どもたちがいます。そのように言ってもらえると，やってよかったと達成感もありますし，自信にもつながります。もっともっと子どもたちが楽しんでくれるような遊びをつくろう，次はこんな遊びも取り入れたら面白いんじゃないかとアイディアも生まれてきます。その感覚が楽しくて嬉しくて言葉では言い表せない感覚になるのです。この感覚が「中毒性がある」と感じる理由です。

　この話し合いを進めるためにはもちろんメンバーが必要です。一緒に乗り越えてきたメンバーだからこそ，言いたいことも言えるし，言わなくても伝わることがあります。そのような関係づくりができたことも中毒性に繋がる理由の一つだと感じます。おいちゃんの研究室はいつも"らぶちる"の学生で埋まっています。「中毒性」の現れかもしれません。

戻れる場所

看護師　鈴木 この実（このみん）

　私は現在看護師として病院に勤務しています。想像していた以上の激務と職場内の人間関係の難しさに逃げ出したくなることも多いです。しかし，自分がつぶれる前に支えてくれる，気にかけてくれる仲間がいます。それは“らぶちる”で出会った仲間です。4年間ともに子どもたちや地域の大人と向き合い，たくさん衝突しながらそれでもお互いを受容し合っている仲間です。今現在子どもたちと関わることは少ないですが，自分の出産や地域に住む子どもたちなど今後も子どもたちとの関わりは続いていきます。私が“らぶちる”で感じていた「居心地の良さ」や帰れる場所があるんだという気持ちをどの子どもたちにも感じてほしいと思っています。だからこそ，“らぶちる”がつくる遊び場は子どもたちが目いっぱい入り込める空間で，居心地の良い場所を目指してほしいと思います。また自分自身もそのような空間作りが地域のなかでできればいいなあと思っています。

　すべての活動やそれを創り上げるまでの過程が私の宝物で，特に同期の仲間とはケンカもしましたし，失敗もたくさんありました。そのすべてを含めて今の自分にどのように活きているのかを考えると難しいですが，こんな風に心豊かに生活できているのは“らぶちる”での活動があったからだなあと思います。ああ，久しぶりにみんなの顔が見たいな〜！ と書きながら少し思い出に浸っています。

　時間が空くと，フラッと足が向く場所。私にとって“らぶちる”の研究室は，用事がないのになぜか行ってしまうような，そんな場所でした。「いつでも帰っておいで」と言ってくれる仲間・空間に出会えたことに感謝しています。

"らぶちる" は個性の塊だ

特別支援学校教員　武石 侑也 (たけちゃんまん)

「子どもが好き」という理由だけで「らぶちる」に入りました。最初は「どんなところなんだろう？」と様子見程度に見学をしただけでしたが，雰囲気が良く，やっていることも楽しそうだったので，入ることに決めました。「たけちゃんまん」というサークルネームは先輩方がつけてくれたものです。わからないことばかりでしたが，先輩方や同期のみんなが温かく迎え入れてくれて，"らぶちる"のなかに溶け込むのにそんなに時間はかかりませんでした。

10月に"らぶちる"に入って最初の遊びの企画がありました。最初の企画なので気持ちが昂り，子どもと同じくらい無邪気になって遊んでいました。それはもう楽しくて仕方ありませんでした。その遊びのなかで，どの子どもたちもとても楽しそうな顔で何度も「たけちゃんまん！」と私を呼んでいました。何故か，それが堪らなく嬉しかったのを今でも覚えています。何気なくつけてもらったサークルネームですが，子どもたちのマスコット的な存在に一歩近づけたのかなと思いました。今振り返ると，それは「私が」というよりも，「らぶちるのメンバーが」，「子どもたちが」，そのような存在にさせてくれたのかなと思います。

勝手に言ってしまって申し訳ないのですが，他のメンバーも然りだと思っています。"らぶちる"は「らぶちるのメンバー」や「子どもたち」がお互いに影響しあって常に個性が溢れ出しています。噛めば噛むほど味が出るするめのようにどんどん溢れ出しています。本当に癖になってしまいそうです。

先日同僚に「子どもと一緒にいる時，ずっと笑顔だね」と言われました。"らぶちる"メンバーも子どもと関わる時はずっと笑顔です。笑顔が光っています。それは本当に子どもと遊ぶことが「楽しい」からだと思います。"らぶちる"メンバーみんな，子どもが好きみたいです。そんなみんなと活動ができて本当に良かったです。

迷惑をかけてもいい仲間

早稲田大学大学院　岸本　麻依（まいしぇる）

　約4年間の活動を通して，"らぶちる"の仲間にはたくさんの迷惑をかけてきました。私はメンバーから脱退したこともあったし，活動休止の時期もありました。これから"らぶちる"で何をすればいいんだろう，何をする必要があるんだろう，やる意味あるかな，方向性が違うな，ちょっと距離を置きたい，いったん辞めよう…　これまでの軌跡をたどってみると自分のいろいろな感情で"らぶちる"のなかでの自分の立ち位置を見失うことがたくさんありました。私の"らぶちる"に対する基本スタンスは間違っていたのだと今では反省することが山ほどあります。しかし，そんな私を"らぶちる"は許してくれました。脱退していろいろなことを考えて悩んで復帰したいとみんなに相談した時もここは麻依の居場所だよと声をかけてくれる，自分のことで手いっぱいで顔を出せなかった時期を超えて戻った時も「待ってたよ」と迎えてくれる，ああ，私はこの人たちに迷惑をかけてもいいのかもしれない。自分の仕事に穴を空けてはいけない，責任を持って何事も精一杯取り組まなければいけないという思いに縛られて生活してきたなかで，こんなにも迷惑をかけてわがままを通してマイペースでのんきにできると思えたのは"らぶちる"だけでした。甘えすぎたかもしれないし文字だけでは伝えきれない複雑な思いもありますが，負担にならないように無理なときは頑張りすぎなくてもいい，でも自分の役割はきちんと果たしたいと思えるそんな場所でした。「迷惑をかけてもいい」という誤解を招きそうな私の表現を支えてくれるのは，やはり仲間とのほんもののつながりです。活動の内外問わず本気で嫌だ！　と思って言い合ったりぶつかり合ったり，本気で大すきだ！　と思ってお互いの思いを伝えあって泣いたり笑ったり。実践から学ぶことはたくさんあったけど，それ以上に最高の仲間を持ったという事実こそが，"らぶちる"で得られた私の財産です。

自分らしくいられる場所

中学校教諭　野崎　真理奈（まりりん）

　私は２年生の終わりから，"らぶちる"に入りました。積極的になれない大学生活をどうにかしたいと思い，加入しました。

　不器用な私は学業と"らぶちる"をうまく両立できず，みんなには迷惑をかけました。私が参加できないときも，メンバーはいつも熱心に活動をしていて，置いていかれているように感じるときもありました。でも"らぶちる"は，仲間を見捨てません。メンバーの優しい声で活動に参加し，楽しめる日々がありました。

　一番思い出に残っていることは，４年生の佐井村での活動です。３年生の時は参加できず，また，４年生の下見にも行けなかったので，本番の活動が初めて佐井村を訪れたときになりました。佐井村ってどんなところだろう？　どんな活動をするのだろう？　研究室で準備をしているときも，あまりイメージがわきませんでした。

　個人的なことを言うと，このイベントの時期，私はプライベートなことでとても落ち込んでいました。行きや帰りの電車で，涙が出そうな時もありました。子どもと関わることにも自信がなく，実際に活動したときも，子どもとうまく接することができない自分がいました。なぜこの子は今こういう行動をしているのか，これは何のサインなのだろう，子どもが怖いと感じた場面もありました。そんなときおいちゃんに言われた言葉が「子どもは怖い面も持っているから，それは今回の大きな収穫だよ。」でした。

　私は今，地元の中学校で働いています。生徒たちはとてもかわいくて，やんちゃです。生徒のやっている行動を理解できないときがたくさんあります。でも，彼らも悩みながら自分の人生を生きている。行動の理解はできないけど，「知ってるよ。ずっと見ているよ。」のサインを出し続けることが大切だと思っています。それは，"らぶちる"でも学んだことです。

　今でも"らぶちる"は心の支えになっています。"らぶちる"は，私が自分らしくいられる場所です。

4章
外からみえる"らぶちる"

"らぶちる"は，大学を飛び出し，自治体やNPOの方々とも一緒に活動するなど，地域との交流も大切にしています。地域の方々に"らぶちる"はどのように映っているのでしょうか。5名の方に寄稿していただきました。

大人でもなく子どもでもなく

長　﨑　由　紀

　おいちゃんの研究室に入ると，目に飛び込んでくる壁一面の模造紙。その模造紙には，色とりどりの付箋が貼られています。付箋には，「こどものまちミニひろさき」を終えた "らぶちる" のメンバーの，うれしかったことや楽しかったこと，やれたこと，できなかったことなどの感想や反省が，飾らない言葉で書いてあります。一人ひとりが「子どもたちがもっと主体的に活動するためには，どう関わればよかったのか」「参加した子どもたちがもっと楽しく過ごすために，自分たちに何ができたのか」などと迷ったり悩んだり，そのなかでも子どもの見せる姿に驚いたり感心したりしている様子が，書かれた文字や言葉からにじみ出ています。

　また，研究室の片隅には，新聞紙の束や大量のコルク栓，ペットボトルキャップ，手作り感あふれるダンボール製の小道具などが積まれています。これらを見ていると，20歳前後の学生たちが頭を突き合わせながら，「これ，楽しいよね！」「この材料は，こんな風に使えるかな？」と考えたり，子どもの主体性を大事にした遊びの企画について話し合ったり，「そもそも子どもにとっての遊びって何？」「主体性ってどういうこと？」などと意見を出し合ったり時にぶつかったりしている様子が目に浮かびます。

　私は，岩手県立児童館いわて子どもの森のプレーリーダー（児童厚生員）です。日々，仕事として子どもの遊びに関わっています。子どもにとっての遊びは，自発的で主体的な活動ですから，本来であれば，大人が介入するものではありません。だからこそ私も，"らぶちる" のメンバーと同じように，「子どもが主体的に遊ぶために，どこまで関わるべきか？　関わらないほうがよいのではないか？」という悩みや，「やりすぎてしまったな…あの場面は少し見守っていてもよかったかな…」などの迷いを常に持っています。

　しかし，子どもを真ん中に置き，"遊び・遊ぶ" について真剣に取り組み，子どもが主体的に遊ぶために自分たちは何をすべきなのかということに試行錯誤

しながら真っ直ぐに向き合う"らぶちる"の姿に，私自身もその気持ちや姿勢を忘れてはいけないなとあらためて思わされます。そして，こんなにも一生懸命なメンバーの思いに触れて，心の奥がじんわりあったかくなります。私にとって"らぶちる"は，年齢や立場をこえて，同じ思いを持ち同じゴールを目指す仲間でもあり，後輩でもあり，ライバルでもあるような存在です。

　らぶちる＝学生の強み，それは"子どもにとって，大人でも子どもでもない存在"ということではないでしょうか。子どもにとって，縦でも横でもないナナメにいる"らぶちる"は，「あんなふうになりたいな」とか「友だちや親に言えないことを相談してみようかな」と思える存在なのだろうと思います。そして，子育て経験があるわけでも専門的な知識や技術を持っているわけではないからこそ，子どもとは丸腰で，そして本音で向き合い寄り添えるのではないでしょうか。テクニックで勝負することなく，頭でっかちになることなく，そこにいる自分をまるごと見せることで，子どもとの距離は自然に近づいていくのだと思います。

　今の子どもたちには，私たちのように遊びの場や時間，遊ぶきっかけなどを作り，一緒に遊ぶなかで子どもの内にあるワクワク・ドキドキ，もっとやりたい！という感覚を引き出す大人が必要です。そして，楽しいことやうれしい気持ち，時には悲しいことや悔しさなどの感情を共有することは，私たちの大切な役割であると思います。"らぶちる"には，粗削りながらもひたむきに子どもたちと向き合おうとする気持ちを，これからも大切にしていってほしいです。"らぶちる"は私に，とことん迷ったり悩んだりしながらも丁寧に子どもに関わっていきたい，そんなふうに思わせてくれるのです。

長﨑由紀さん：岩手県立児童館 いわて子どもの森　チーフプレーリーダー

　いわて子どもの森は，県立の大型児童館で，岩手県はもとより，青森・秋田の子どもたちからも親しまれている施設です。長﨑さんはいわて子どもの森のチーフプレーリーダーで，弘前大学へも毎年ゲストスピーカーとして来校されます。その際には，研究室でお弁当を食べながららぶちるとも交流を深めています。

地域で子どもとともに育つ存在

阿南健太郎

　初めて"らぶちる"のことを知ったのは，おいちゃん（深作先生）のFacebook でした。特に「らぶちる"児童館"」という言葉を目が捉えました。それは，私が 全国にある児童館を支援する仕事に就いているからです。大学生が児童館とい う名前を使ったイベントを開いていることを，うれしく思います。そして，添え られているおいちゃんの文章からは，子どもとの関わりを真摯に考え，実践しよ うとする学生とそれを見つめる教員の姿が浮かんできて，興味深いです。

　児童館は遊びを通した子どもたちの健全育成を目的とした施設です。健全育 成とは，子どもを全人格的に健やかに育てることとされています。これは，関わ る大人が子どもより勝っているから，健全育成できるような概念に捉えられがち です。が，しかし，最も大事にされるべきは，そこに居る子ども一人ひとりの個 性や育ちの状況を理解し，子ども自身の自己実現がはかられるか，だと考えられ ています。現代には多様な育ちをしている子どもたちがいます。多様な大人がい なくては，彼らに寄り添うことができません。専門職や保護者だけではなく，い わゆる「ナナメの関係」にある学生の存在は，大事なものになっています。ただ， ナナメの位置にいるということだけではなく，「子ども主体」ということを考え 続けるらぶちるの姿は特筆すべきものだと思います。

　健全育成は子どもの自己実現を支えるものと書きました。ただ単に教えられた り，与えられたり，指導されるものではないということです。だからこそ「遊び を通した」という手法が大切にされていると思います。遊びが持っている子ども の育ちを促進するチカラを借りて，大人も子どもも一緒に楽しみながら，ともに 育っていくようなプロセスが発生します。らぶちるの皆さんが生み出す遊びは， とっても素朴なものです。手づくりで，親しみやすくて，何より試行錯誤が見え るもの。そういうものが子どもを惹きつけるのだと思います。つまり，子どもが 自分の遊びとして受け止めやすいのではないでしょうか。

もう一つ，らぶちるの活動で素敵に感じるのが，地域へ開かれているということです。人は地域で生きています。生かされているとも言えるかもしれません。もちろん子どもも同じです。そして今，地域は子どもの存在を切望しているように感じます。地域のなかで，子どもを支える仕組みを次世代のリーダーになり得る学生が作っていくというのは意義深いことだと思います。若者の地域社会への関心は二分されていると言われます。全く興味が無いか，その逆か。地域の子どもに自発的に関わる学生の姿は，子どもたちの自発性を刺激し，もしかしたら次のらぶちるメンバーになるかもしれません。

さて，私の勤務先は「児童館にいってみよう」という子どもたちへのメッセージを発信しています。子どもの自殺が相次ぐなか，それを少しでも食い止めるために，"居るところがなかったら・やることがなかったら・話せる人がいなかったら・わかってくれる人がいなかったら・がまんできなくなるほどしんどくなる前に"児童館にいってみよう，と呼びかけています。らぶちるの Twitter でも紹介され，合わせてこうつぶやいています。「もし，児童館で出会えなかったら，思いきって「ひろだい」へ来て「らぶちる」を訪ねてきてください。らぶちるには，みんなを暖かく迎えて想いを受けとめてくれる大学生のおにいさん・おねえさんが必ずいますので。」

現代の子どもたちに必要とされている"ナナメの存在"であるらぶちるには，キャンパスを飛び出した地域社会のなかでの活躍が今後も期待されています。

阿南健太郎さん：一般財団法人 児童健全育成推進財団 部長

　児童健全育成推進財団は，児童厚生員等の研修の企画提供のほか，児童館・放課後児童クラブの活動や運営に関する助言や健全育成に関する情報提供などを行っている法人です。

　阿南さんとらぶちるとの直接的な交流はまだありませんが，先輩たちが児童館・児童クラブの研究大会など育成財団が企画する研修に参加してきたほか，おいちゃんを通じてらぶちるの活動を見守ってくださっています。

地域実践からみた「希望」としての大学生

平 間 恵 美

　「らぶちる」は私にとって，憧れの存在です。もし自分も，人生の早い時期に，社会教育に出会い，子どもたちとの関わりのなかで，遊びの大切さを学びそれを実践にできていたら，もっともっと子どもたちと楽しい体験をたくさんできていたかもしれません。

　私が初めて「らぶちる」の活動を見たのは，佐井村での実践でした。八戸から車を走らせ約2時間半，やっと到着して合流したものの，探検はすで終盤でした。ひとりひとり，探し当てた宝ものを手にして，興奮冷めやらぬ様子で，どの顔にも笑顔と充実感がみなぎっていました。どの子が小学生か大学生かわからないほど（笑），それだけ子どもたちとの距離感が近く，一緒に何かをやり遂げたという充実感があったのでしょう。その時，参加した小学生の男の子が私に近寄ってきて，「宝の石」をしきりになでながら，「チョーおもしろかった！　楽しかった」と顔を真っ赤にして話を聞かせてくれました。この子にとって，この日の経験は，一生の思い出となったことでしょう。また，2016年の2月，弘前と八戸で開催した，「こどものまち」も，大きな学びとなりました。最初の開催が弘前だったので，らぶちるのメンバーに八戸に来ていただき，未来ネットの青年部の準備会に色々アドバイスをもらいました。ひとりひとりの話のなかに，常に子どもに視点を置くことを考え，遊びを大切に考える姿勢がとても素敵でした。若い世代の人たちが，職や年齢，経験など関係なく，考えやアイディアを話し合う機会を持つということは，大きな可能性を秘めています。未来ネット青年部は25歳同期が主要メンバーですが，らぶちるから得るものがたくさんあったようで，これからの活動にも「負けてはいられないと」大きな刺激になり，おかげさまで八戸のこどものまちも無事終えることができました。

　私たちは八戸で，子育て集いのひろば「はっち」を運営しています。そこには毎日，赤ちゃん親子がたくさん遊びに来ています。今，気がかりなのは，ごっこ

遊びができない親が多いことです。どんなにりっぱなおもちゃやままごとがあっても，創造力や相手と言葉を交わすコミュニケーションが取れないと，遊びの世界には浸れません。それは，とても悲しいことです。なぜなら，子どもはごっこ遊びのまねっこを通して，想像を膨らませ，生きる生活のすべを学ぶのですから。だからこそ，遊びを通して子どもと関わる，「らぶちる」の実践活動は，これからの地域社会にとって，重要な役割を果してくれると思います。

　近年毎日のように流れる，いじめ，暴力，虐待，ひきこもりや不登校，延いては殺人や自殺など，子どもを取り巻く問題が山積みで，それは決して特殊な問題でも，自分の身の周りにないことでもありません。子どもの「守られる権利」が忘れられ，グローバル化のことばの下に，ひたすら経済競争の道を歩む社会で，もがきあえいでいる大人の姿に，子どもたちが翻弄されている表れなのでしょうか。しかも，もう何年も前から，このままでいいのか，この先子どもたちはどう育つのかと，多くの人が唱え，疑問視していたのにもかかわらず，私たち大人は，将来に多くのツケを残すかもしれません。

　「らぶちる」は希望のひかりです。子どもたちの声に耳を澄ませ，一人ひとりに寄り添ってともに考える，この原点をらぶちるの皆さんは，私に思い出させてくれました。次の世代を担う学生が，子どもに視点を置き，自らの学びのなかから，教育や福祉の垣根を越えて，常に子どもと向き合う姿勢は，先を行く私たちこそが，一番学ぶべきところです。

　それぞれがどんな道，職業についても，この思いを次の世代に受け継いでほしいと思います。

平間恵美さん：NPO法人 はちのへ未来ネット　代表理事
　はちのへ未来ネットは，ネットワークの力で子どもと親の「育ち」を応援する活動をしています。平間さんは，らぶちるの活動を見学に弘前だけではなく遠路佐井村までも来られました。はちのへ未来ネットとは「こどものまち」のノウハウを共有しているほか，未来ネットの高校生チーム「ドリームキャンバス」と交流しています。

高校生の憧れの先輩として

鈴木沙織

　私は 2017 年の春まで久慈市立中央公民館で活動している高校生ボランティアの担当をし，主に子どもたちを対象としたイベントなどを実施していました。地域で同じような活動をしているらぶちると関わり，交流を深めるようになってから，高校生の気持ちや行動に変化が見られるようになり，かれらにとってらぶちるは「憧れの先輩」のような存在になりました。

　"らぶちるさんのアイスブレイクは，初めて会ったことを忘れるくらい心の壁を壊してくれて，みんなが笑顔で楽しめる空間をすぐに作ってしまいます。私たちもアイスブレイクを教えてもらいましたが，実践するだけで大変なのに，自分なりの工夫を入れるとなると余裕や自信もなくなってしまいました。自然と笑顔でできるらぶちるさんが堂々とやっている姿を見て，私たちもいろいろな経験をすることが大切だと感じました。"（ヤンボラ卒業生　小袖望）

　らぶちるの活動を知るきっかけとなった高校生ボランティアの研修会では，子どもたちを引きつけるアイスブレイクから始まり，企画を実施する難しさや大変さだけではなく，時間をかけて取り組んだからこそ得られる達成感や，子どもたちが繰り広げる自由な遊びに楽しさがあることを学びました。今まで時間がかかることや面倒なものを避ける傾向にあった高校生でしたが，主体的に活動することの大切さを感じ，「自分たちで考えて行動したい」，「大変そうだけど挑戦してみたい」と口にするようになり，そしてそれは行動にも表れ始めました。イベント企画の話し合いでは，子どもたちが自由に楽しめる遊びのアイディアを出し合ったり，会場作りの準備作業では安全に遊んでもらうためにさまざまな工夫を凝らしたりと，子どもたちのことを第一に考えた行動へと変わりました。

　"らぶちるさんがやっている新聞プールを見て，いろいろな遊び方があるし，とても楽しそうだったので，私たちも挑戦しました。新聞をたくさんちぎったり，段ボールで枠を作ったりする作業はとても大変だったけど，子どもたちが思いっき

り遊べていたし，他の子とも仲良くなっていて，終わった後は達成感がありました。私たちも子どもたちとふれあう中で，周りの状況を見ながら行動したり，気遣うことができるようになったと感じました。"（ヤンボラ卒業生　村上優花）

　らぶちるから学ぶべきことはまだまだたくさんあります。弘前大学文化祭で行われた「遊びのサミット」では，らぶちるの普段の活動の様子を実際に見ることができました。子どもたちへの声のかけ方や，参加しやすい雰囲気作りだけではなく，楽しい雰囲気を壊さないような配慮や子どもへの注意の仕方などは，これから高校生が学ぶべきことだと思いました。

　高校生がらぶちるに憧れる理由は，子どもたちとの接し方や遊び方が勉強になるから，主体的に活動しているからというだけではありません。いつも優しく声をかけてくれる，一緒にいると安心する，とても頼りになるといった内面にも惹かれています。自分のことをうまく話せなくても笑顔で受け止めてくれるし，困ったときには助けてくれる，そんならぶちるの優しさや温かさが高校生にも伝わっていると思います。高校生が「らぶちるに会いたい」と一緒にできる活動を何よりも楽しみにしているのがその証拠です。

　らぶちるの主体的な活動に刺激を受けたことで，自分の足りないものに気づき積極的に行動できるようになったり，新たな挑戦をすることでいろいろなことを学んだりと，高校生が成長する姿をたくさん見ることができました。これからも子どもたちとの遊びを大切にした活動を続け，高校生にとっての「憧れの先輩」という存在でいてほしいです。

鈴木沙織さん：前　久慈市立中央公民館ヤングボランティア SEED 担当

　「ヤンボラ」は高校生が主体となって，子どもを対象としたイベントを企画・実施する団体です。自分を表現する場でもあり，素になれる場所でもあります。鈴木沙織さんは，メンバーからは「さおちゃん」と親しまれていて，ヤンボラメンバーの一人ひとりと向き合い，その人の良さを伸ばしてくれるかたです。

架け橋の役割

神田奈保子

　現在までに短大・専門学校などで保育士や幼稚園教諭の育成を行ってきた私にとって，らぶちるの学生たちと交流を通し感じたことは，「見てきた学生と大きく変わらない」というものでした。

　"変わらない"と感じた理由は，らぶちるの学生たちにも悩み・思い・人間関係の色・楽しみなど"学生らしい生き生きとした若さ"が溢れているのを感じたからかもしれません。他の学生と違う点をあげるとしたら，放課後について考え，子どもとの向き合い方を試行錯誤する経験を積み重ね，学生自身が子どもやおいちゃん・地域の大人たちと一緒に成長していることだと思いました。

　らぶちるの活動は，心理学・保育学の立場で見ると「非認知的能力」に溢れている魅力的な活動ばかりです。

　幼児教育や保育を教授する際，「子どもの遊びは玩具を使った勉強ではなく，学びに溢れている」というように伝えています。"玩具を使った勉強"とは，一見遊びのように見えますが決して遊びではありません。たとえば，「ここに積み木が3つあります。先生が1つ取りました。残りはいくつ？」というような活動があげられます。これは，玩具を使っていますが算数の勉強といえます。

　では，"学び"とは何か……学びとは，考えること，協力すること，工夫すること，発見することなど，数値では測れない"非認知的能力"を言います。たとえば，子どもが砂場で山を作り，川を通したいと思います。その時想像できる子どもの姿は，どうしたら良いか，考える子や，工夫する子，閃く子，遊びに誘う子などがあげられます。子どもは，例のように，生活や遊びの中で多くの非認知的能力を手にする機会と出会えます。

　らぶちるの活動は，"誰かが教えるのではなく，自分たちで考え・工夫し，周りと共有する"まさに非認知的能力に溢れているものだと感じています。また，らぶちるの素晴らしいところは，この力を自分たちの団体でとどめるのではな

く，関わる子ども・大人たちのエンパワーメント（湧力）に繋げ，ともに成長しているところです。地域における子育て支援は，“大きなチーム”と言えます。チーム支援において重要なのは，多面的視点であり，らぶちるの“若者の視点”は，チームにおいて子どもの視点と大人の視点を結ぶ“架け橋の役割”になってるのではないでしょうか。

らぶちるでは，指導者という立場の人はいないという話をお聞きしたことがあります。その理由としては，「学校ではないから」「学生と子どもが主だから」と深作先生がお話しされていたのが印象的でした。

「指導者主導ではなく，子どもの内側から出てきたものを大切にする姿勢」は，指導の基礎と相反するものではなく，指導の根底にある重要なものだと言えます。子ども（乳幼児期から思春期まで共通して）の成長に対して，「子どもの目線に立つことで，多くのことがわかり，それをまずは見守ること」が教育の場では基本になると思います。このスタンスは，相手を受け止めることや理解に繋がり，“非認知的能力”を引き出す教育を支えるのではないでしょうか。

学生らしい大人とは違う視点をもつ思春期の学生たちは，日々大きな悩みをかかえ，現場では理不尽さを感じる時もあると思います。それでいいのだと思います。多くの感情体験を通してすごしていくこと……これが思春期の醍醐味です。

本来，子どもは地域のなかで育っていきます。地域は子どもが育つなかで，“身近に感じる場所”になることが大切だと思います。多くの子ども・大人とチームを作り，メンバーが成長していくことを今後も楽しみにしています。

神田奈保子さん：ポピンズ国際乳幼児教育研究所　客員研究員・講師
　神田さんは，保育学・心理学の専門家で，現在は，保育士や地域で子育て支援に携わる人びとの養成に携わっています。ときどきおいちゃんの研究室にも遊びに来られていて，私たち“らぶちる”へも温かい言葉をかけてくれます。

こどものまち
—ひろさき—

5章
大学発の子どもの地域活動の可能性
―― "かかわりあう" って大変！ 楽しい！ ――

阿比留 久美

この章では，“らぶちる”の活動の意義と課題にもとづきながら，大学（特に地方大学）が地域と子どもにかかわることの意味や可能性について考えていきます。まず，“らぶちる”が活動を実施していくときのベースとして大切にしている価値観の意味を論じたうえで，「学び」と「かかわり」という点から活動を分析し，大学と地域や地域の子どもとのかかわりについての構想を描いていきます。

1. 活動の基盤となる価値の追求

（1）遊び観の共有——「遊ぶ」と「子ども」をつきつめる

　まず，“らぶちる”の活動の最大の魅力として，メンバーの大学生たちが，①子ども主体，②広がりのある遊び，③子どもたちとの距離感を保つ，という価値観を議論しながら共有してゆき，実際の活動を実施したり，活動のふりかえりをおこなうなかで，どのような遊びを実現していきたいかをつきつめている，という点があります。

　“らぶちる”が大切にしている「広がりのある遊び」というのは，自分たちが想定している遊びの仕方や内容を超えた展開をする可能性をもつ遊びのあり方です。そのような遊びを実現することは，大人たちの想像を超えた子ども自身の想像力や発想力を刺激することであり，大人の側で細かくプログラムをつくりこんで「完成度」の高い遊びを企画することよりも「余白」の部分が多く，難しいことです。

　また，「広がりのある遊び」を実現しようとすることは，遊びがもつ「遊び性」[1]の実現に徹するということでもあります。教育に対する意識がますます高まる現在，大人が遊びにかかわるとついつい「社交性が高まる」とか「指先を使い脳を刺激する」といったように遊びのもつ「教育的効果」に着目してしまいがちです。しかし，遊びとは本来自由で自発的な行為であり，物質的利益や効用と結びついておこなわれるものではないのです[2]。なんらかの「教育的効果」を期待しておこなわれる遊びは，教育化されたものになり，遊びがもっている「遊び性」を棄損してしまう傾向があります。“らぶちる”が，「放課後は学校ではないこと」を大

114　　5章　大学発の子どもの地域活動の可能性

切にし（本書5頁），遊びが本来もっている自由さや遊びが誘発する自発性を大切にする場を丁寧につくりあげているという点は，遊びのもつ「遊び性」を実現するうえで非常に重要な意味をもっているといえます。

遊びは，「子どもたちにとって自分が生き，他人を生かし，人として成長し，共に生きていく力の源(3)」であり，子どもにとって生きること，他者や自然とかかわることそのものです。子どもの自発性や主体性が大切にされる遊びは，細かな「教育的効果」に還元されるようなものではなく，子どもが生きることそのものを支えるものなのです。

(2) 誰のための"地域創生"？──宛先のあるメッセージの強み

つぎに"らぶちる"が実現している価値としてあげたいのは，地域や子ども（そして子どもとかかわる地域の大人）に対して「子ども主体の活動をつくりたい」という宛先のあるメッセージをもちながら地域の子どもとかかわる活動をおこなっている点です。

近年「地方創生」が叫ばれ，「地域再生の核となる大学づくり構想」が実施されていることからもわかるように，大学が地域の活性化のアクターとして期待される役割はますます大きくなっています。しかし，これらの施策が声高に叫ばれれば叫ばれるほど，事業を実施して国から予算を獲得すること，とりあえず地域で「なにか」をすることが先行してしまったり，（それも大事なことですが）産業界との連携を重視することにより一般の地域住民とはあまりかかわりが生まれず，地域住民にとって自分とは「関係」のない活動になってしまうという側面も生まれているようです。

そのなかで，"らぶちる"の活動は，子どもと大学生をつなぎ，子ども・大学生と地域をつなぐ地域活性化の役割を存分に果たしているといえます。しかも，単にイベントを通じて地域を盛り上げる，ということだけでなく，地域や子どもに対して，自分たちが実現したい地域や関係性とはどのようなものか，メッセージをこめながら活動をしているという点が非常に価値のある部分です。そして，そのようなメッセージが伝わるからこそ，"らぶちる"の活動に協力し，一緒に活動

1. 活動の基盤となる価値の追求　　115

しようとする大人たちが生まれてきているといえます。

2. 活動における「学び」のアート

(1) 能動的なアクティブ・ラーニングの実現

　21世紀に入ってから従来一斉型授業を前提として実施されてきた学校教育の文脈でも，アクティブ・ラーニングやサービス・ラーニングといった，学生の主体性や能動性を重視した学習活動が盛んに掲げられるようになっており，学校のカリキュラムのなかにも導入が進められています。「学び」という側面から"らぶちる"の活動についてみてみると，近年掲げられているこのアクティブ・ラーニングやサービス・ラーニングを実現したものになっているということが特筆されます。

　アクティブ・ラーニングとは，文字通り学習者の「能動的な学習」です。2012年に中央教育審議会答申「新たな未来を築くための大学教育の質的転換に向けて〜生涯学び続け，主体的に考える力を育成する大学へ〜」で記述され，2015年8月に発表された学習指導要領でもその推進が位置づけられて，急速に学校教育のなかで注目を集めるようになりました。文部科学省の説明によれば，アクティブ・ラーニングとは「教員による一方向的な講義形式の教育とは異なり，学修者の能動的な学修への参加を取り入れた教授・学習法[4]」ですが，アクティブ・ラーニングにおける能動性とは本来教授・学習の方法といった学習活動を外からみたときの能動性にとどまるものではなく，むしろ学習者の内部でおこる学習の質や内容の面での能動性こそが重要です[5]。

　この本で書かれているとおり，"らぶちる"の活動は大学生が主体となって，「子ども主体」の活動を実現していこうとするものです。そして，その活動の中身をみると，運営主体である学生にとっても，参加する子どもにとっても，外から見た時能動的であるだけではなく，そこで生起する学習者内部の気づきや学びの質・内容の面で能動性があります。そこでは真に能動的な「アクティブ・ラーニング」が実現しているといえます。

(2) 実のあるサービス・ラーニングの実現

また、サービス・ラーニングについても同様のことがいえます。サービス・ラーニングとは、経験学習とコミュニティサービスを結びつけておこなわれる教育活動で、「事前学習→コミュニティサービス（活動）の実施→ふりかえり」という一連の流れのなかで、学習者が専門的な学習をすすめながら、実際に学習したことを実際の活動にいかして、さらにそれを次の学びへとつなげていくものです。[6]

"らぶちる"の活動では、学生が企画から考案し、活動を実施し、活動後にはふりかえりをおこない、ふりかえったことを次の活動につなげていっています。これは、まさにサービス・ラーニングで掲げられている「事前学習→コミュニティサービス（活動）の実施→ふりかえり」と一致するものです。

現在、サービス・ラーニングが高等教育のカリキュラムのなかに急速に位置づけられるようになっています。しかし、カリキュラムや方法論が先行するなかで、その内容はというとかならずしも学生が能動的に学習するようになっているとはいえないものもみられます。[7]

ひるがえって、"らぶちる"の活動では、有志が活動しているために、年によって参加人数の増減はあるものの、能動的な活動や学習がうまれやすく、実際に企画から実施まで学生が進めていくために、学生が必然的に能動的になっていきます。さらに活動を学生たちが引き継いでゆきながら継続していくために、ふりかえりは欠かせないものとして位置づけられます。

大学でサービス・ラーニングが（ときには必修）授業として設置されることで、動機づけがかならずしも高くない学生も具体的な体験をともなった学習ができることは大きなメリットです。しかし、学校や教員がお膳立てして学生におこなわせる「体験学習」における学びには限界もあります。大学が、あえて単位をともなう授業としてではなく学生の自主的な活動としてサービス・ラーニングを実施することの意義が"らぶちる"の活動からは浮かび上がってきます。

2. 活動における「学び」のアート　117

(3)「ふりかえり」による学生の変化

　本書では，大学生たちがどのように"らぶちる"でイベントをつくっていったのか，イベントを通じてどのように子どもたちと向き合い，かかわっていったのか，ということが何人もの目線から丁寧に描かれています。ただだべったり，話し合ったり，怒ったり笑ったり喜んだりしている情景が目に浮かぶようなリアリティのある文章に，私もひきこまれてしまいました。

　そして，その文章の随所で自分自身の変化やメンバーの変化が語られています（たとえば本書のなかでは2章3節など）。自分が楽しいと思う遊びを企画したけれど，子どもはまったくその遊びに関心を示さなかったこと，子どもと夢中になって遊び，子どもの世界に入りこみすぎて「子ども主体」に対する意識が弱かったこと…，時間と労力をかけておこなっているボランタリーな活動で，自分の考え方やふるまいが根本的にずれていたことを認めるのはしんどいものですし，メンバーの行動に疑問を呈するのもしんどいことです。しかし，"らぶちる"では，そのような失敗をお互い指摘しあい，反省しあっています。その結果，考え方や行動が少しずつ変化し，学生自身が変わっていったプロセスが本書では丁寧に描かれています。

　学ぶことはこれまでの自分とは少し異なる自分へと変わっていくことですし，かかわることは相手の影響を受けて変わることです。ふりかえりを通じて，お互いの「変わる」ことが促進されていく様子は，まさに学びのコミュニティが実現されていることの証左といえます。

(4) 子どもの様子を間主観的にとらえる

　前述したように本書では，"らぶちる"の学生たちの様子がいきいきとリアリティをもって描かれています。その一方で，子どもの描写についてはあまり多くないような印象を受けます。しかし，深作研究室においてある記録ノートでは，イベント時の子どもたちの様子が書かれ，共有されているとのことで，学生たちは「子ども主体」とはどういうことなのかを子どもの姿を描くことを通じて考えているのではないかと思います。

"らぶちる"が子ども主体を実現することを目的とした活動であるならば，自分たちの変化に注目するのと同じように，子どもたちの活動の様子や変化を丁寧にとらえ，描写していくことが，その目的を実現するのに重要になってくるでしょう。子どもの様子についてどのように記述していくのか，ということについての検討をメンバー内でおこなっていくことは，活動の質を向上させていく上では重要な点になっていくと考えられます。

　鯨岡峻さんは，エピソードを記述することをつうじて相手（"らぶちる"の場合は参加者である子ども）の主観内容について間主観的に把握することの重要性を説いています。活動のなかでとらえた子どもの様子について，丁寧にそのプロセスを記述し，それをメンバー間で共有することによって，より子どもがその時なにを感じていたかを理解し，子どもの主体性が立ち上がる瞬間とはどのようなものなのかをとらえることが可能になっていきます。"らぶちる"にかかわる学生が，どのように子どもの様子をとらえ，記述していくのか，その方法についても検討を深めていっていただけるとよいでしょう。そして，それが可能になったときに，"らぶちる"がつくっていく歴史／活動が子どもとともにつくっていく歴史／活動になっていくのではないでしょうか。

3. 活動における「かかわり」のアート

（1）メンバー間の徹底的な話し合い

　"らぶちる"メンバーの間では，話し合いが非常に大切にされており，活動の準備段階でも，メンバーの行動に対して疑問を感じた点について率直に指摘し，"らぶちる"で大切にしていることをメンバーみなで実現しようとしていることは特筆されます。

　話し合うことは時に面倒ですし，お互いに傷つけあうことも生みますが，イベントを成功させていくためにはさけて通れません。ふだんの雑談や日常会話であればなあなあですませられることも，イベントを成功させるためにはきちんと話し合わなければイベント自体が失敗してしまいます。特に子どもを対象とする活

動をしていますから，事故予防などには入念のチェックが必要です。そのため，日常生活の中では摩擦や衝突をさけがちな学生も，イベントを企画するという自分たちの「目的」として共有すれば，ときには摩擦や衝突も生じる話し合いも可能になります。

　徹底的に話し合うことを可能にするのは，"らぶちる"の活動が自分たちのものであるという自負と，目的意識の共有，過去のイベントで経験した楽しさや成功や失敗です。この自負心と目的意識と経験の蓄積は，アクティブ・ラーニングを真に実現する際のカギともいえるでしょう。

（2）居場所を基盤とした「三間の復興」

　"らぶちる"は，深作研究室を拠点にして活動しており，学生たちはそこを居場所にして"らぶちる"の活動の時はもちろん，活動がない日でも好きな時に好きなだけ研究室で自由気ままに過ごしています。深作研究室には，話し合いの記録が保存されていて，いつでも見ることができるために情報共有ができるとのことですが，深作研究室という居場所があることは，そのような実際的なメリットだけではなく，活動とは一見直接関係ない時間も含めて学生たちが居場所で時間を積み重ね，自分「たち」の空気を醸成し，相互理解を深めていくことを可能にしているという点で重要な役割を果たしているといえます。時間・空間・仲間の「三間の喪失」が言われるようになって久しい現在ですが，柔軟に時間を仲間と共有するにはそのための空間が必要であり，深作研究室という空間があってこそ，活動のなかで「三間の復興」がなされているのです。

　"らぶちる"では話し合いが重視されていますが，自分の考えを言語化し，時に主張することは誰にとっても簡単なことではなく，言い方がうまくなかったり，言葉足らずだったりして誤解を招くことはどのような場でもおこりがちなことです。しかし，メンバーは，深作研究室に勉強したり，空きコマの時間つぶしをしにきて，その時居合わせたメンバー同士でミーティング外の時間に情報を共有したり，自分の思いをざっくばらんにはなしたり，はたまた雑談をするなかで，活動の方向性やお互いの考えていることを理解することができているのでは

ないでしょうか。

　そのような「雑談の効用」や，居場所でつくられていく時間と空気の蓄積は，メンバー間の信頼関係の構築へとつながり，ときに激しいやりとりが起きることもあるであろう話し合いの場を支えていると考えられます（2章1，(4)）。

(3) 主体としての子どもを尊重したかかわり

　子どもを中心にすえ，子どもの主体性を尊重したかかわりをしようとして，学生が意識的に行動・発言をして，活動を作っている点も，"らぶちる"のかかわりの特徴です。

　遊びの内容について，あらかじめ遊具や活動の作り手によって遊び方が限定されるものではなく，子どもが主体的に遊びを展開できるような「広がりのある遊び」を目指している点も，子どもの主体を尊重したかかわりのための環境整備であるといえます。静岡県富士市で「冒険遊び場たごっこパーク」をひらいている渡部達也さんは，スタッフに求められる資質として「子ども "と" 遊ぶのが好き」ではなく「子ども "が" 遊ぶのが好き」という感覚をもっていることをあげていますが，"らぶちる"の学生たちの姿はまさに「子ども "が" 遊ぶのが好き」[9]というもので，子どもが主体性を発揮して遊べるような環境をつくっていこうとしていました。

　たとえば，わたしがミニひろさき準備の実行委員会に見学にうかがった時，話し合いがはじまると，それまで子どもとまじりあって遊んだり，おしゃべりをしていた大学生たちがすっとうしろにしりぞき，子どもたちに司会をまかせて話し合いを子どもたちにゆだねた様子が印象的でした。話し合いを進めるときに，物理的にも自分たちが場から距離をおくことによって，「話し合いの主役はあなたたちだよ」という姿勢を示すとともに，安易に子どもたちが学生たちに頼らないような場づくりをしていたのです。そのように子どもたちを信じて見守り，主体としての子どもを尊重し，任せる様子はとても素敵です。主体として子どもをどこまで信じられるのか，ということに挑戦している学生の様子は，その行為によって，子どもも大学生も育ちあう取り組みであるといえます。

3．活動における「かかわり」のアート　　121

「子どもの主体性を守ることは子どもの世界を守ること」という言葉は至言ですが（24頁），子どもの主体性を尊重し，守るということを考えることを通じて，大学生たちもそもそも子どもとはどういう存在で，主体性とはどのようなものなのか，ということを学んでいるといえるでしょう。

（4）子どもと若者と大人のできるかぎり対等なパートナーシップ

"らぶちる"における子どもと大学生のかかわりが，今後どのように深まっていったらより魅力的になるか，というと，さらに子どもと若者の対等なパートナーシップを追究していくという点があげられます。

日本で一番最初に「こどものまち」をはじめた千葉県佐倉市の「ミニさくら」にかかわった少年が活動をふりかえって，子どもも大人も「ミニさくら」の構成員なのだから，子どもが主張しているなかに，大人も積極的に加わってほしい，と述べています。[10]

子どもと大人が対等な関係でないと，大人が子どもに対して意見を言った時に，子どもがその意見を受け入れてしまい，大人が子どもを導くかたちになってしまいます。しかし，"らぶちる"メンバーがおいちゃん（深作さん）の意見を「いやいや」と退けたり，ぶつかったりすることがあるのと同じように，子どもと大人がより対等な関係になっていけば，もしかすると，"らぶちる"メンバーが，意識して（物理的にも対話的にも）子どものうしろに退くのではなく，同じように混ざり合いながら話し合いの輪をつくり，意見を言ってもそれに対して言いなりになるのではないような関係性が子どもともつくれるのではないでしょうか。子ども，若者（大学生），大人，はそれぞれ異なる社会的立場をもっており，完全に"対等"になることは難しいです。しかし，できるかぎり対等なパートナーシップを模索していくこと――それもかなり高度で発展的なパートナーシップのあり方――が，"らぶちる"には可能なのではないかと期待されます。

（5）専門性をもった "過剰な人" の存在

そして，「かかわり」を考えるうえで欠かせないのはこの活動の立ち上げ人兼

コーディネーター兼メンバーの深作さんの存在です。"らぶちる"がこれまでおこなってきた地域での活動は，すべて深作さんが地域のなかで築いてきたかかわりから登場したもので，学生が主体になって活動をつくっているといっても，深作さんなしに"らぶちる"はありません。

　学生がいきいきと楽しみ，活躍できる舞台をつくり，そのうえでいったん活動が動き始めたら後背にしりぞき，学生たちの主体性にゆだねる……深作さんのやっていることは，まさに"らぶちる"の学生たちが子どもたちにたいしておこなっていることと重なります。親でも教師でも（実際には深作さんは大学教員なのですが，"らぶちる"では教員としてではなく「おいちゃん」としてかかわっています）ない，「ナナメの関係」を深作さんと学生が築いていることにより，深作さんの学生にたいするかかわりの真似をして学生が子どもにかかわっているといえるでしょう。

　このように，学生の「主体的」な「社会参加」をすすめていくためには，学生自身を応援し，エンパワーし，見守る存在が欠かせないのです。久田邦明さんは，地域活動を支えてきたのは地域のさまざまな場で子ども・若者とかかわり，おせっかいを焼く"過剰な人"の存在であり，その"過剰な人"が子ども・若者が一人前になっていくのを陰に日向に支えているとして，「"過剰な人"の効用」を説いています。大学で求められている仕事としてではなく"らぶちる"を立ち上げ，自分の研究室を開放して，"らぶちる"の活動を支えている深作さんはまさに"過剰な人"といえますが，若者が試行錯誤をして，その主体性を発揮していくためにはそのような"過剰な人"のかかわりこそが重要なのです。

　しかも，地域とのかかわりをもち実践を積み重ねつつ，深作さんは社会教育研究者としての専門性をもっているのですから，鬼に金棒です。知識と経験をもちつつ，それを振り回さず，ともに歩むというかかわり方は大学が地域とどうかかわっていくか，という面でも示唆に富んでいます。

4. 大学／大学生が地域の子どもとかかわることの意味
——"らぶちる"に期待する未来

(1) 子どもにとっての「私の大学」へ

　1970年代には社会教育における公民館が「私の大学」を掲げていましたが，いまや大学もオープンカレッジなどの社会人向け講座の開講や産学連携プロジェクトの実施により，学生以外の地域の住民にとっても「私の大学」となる時代になっています。特に地方大学においては，地域とのかかわりは非常に重要なものになっています。では，地域のなかの誰が大学を「私の大学」としていくのか，ということを考えた時に，"らぶちる"の活動をみていると大きな夢が浮かんできます……それは，小学生や中学生といった子どもにとっても，弘前大学が「私の大学」としての学びの場になりうるのではないか，ということです。

　地方の行政区域は市町村合併によって広域化していますし，交通の便もよいとはいえない場合が多いです。また，小中学生の行動範囲はそんなに広くはないため，移動手段が限られる子どもを対象にするということの限界性はあるとは思います。実際に私が"らぶちる"の活動の見学に行ったときも（見学に行った時期が冬だったということもあるでしょうが）多くの子どもは車で保護者の送迎つきで会場にやってきていました。

　しかし，子どもが主体になって考え，あそび，つくっていく活動を展開している"らぶちる"の活動を見ていると，これこそがアクティブ・ラーニングだと感じますし，それをかしこまった「学び／学習」の枠におしこめるのではなく「遊び」のなかでおこなえることの豊かさを感じます。小中学生のうちからそのような「学び≒遊び」を積み重ねていけば，学習観は豊かになり，「学び」からの逃走をする子どもたちにはならないのではないでしょうか。ともすれば「学び」が学校での勉強——特に点数化，偏差値化されるもの——として矮小化したものとして理解されがちな現在，子どもこそが多様で自由な「学び」が可能な大学における学びを必要としているのではないかと思うのです。

（2）大学附属子ども会構想──イベントとくらしを架橋する

　子ども，若者，（大学生），大人の三者ができるかぎり対等なパートナーシップをつくるには，かなりの信頼関係が求められます。そして，それは子どもが信頼され，尊重される経験とともに，かなりの時間と経験の共有，積み重ねが重要になってきます。こどものまちミニひろさきも，回数を重ね，ミニひろさきの参加者や実行委員の経験を重ねた子どもが増えてくることでより子どもの「やりたい」という気持ちやアイディアが豊かになっていくと考えられます。そのためには，日常的に活動や時間をともにしていくことはかなり役に立つでしょう。そのように考えた時に提言したいのは，大学附属子ども会のような仕組みをつくることです。

　現在の“らぶちる”の活動は，らぶちるじどうかん，ちびっこ海賊の佐井村まち探検，こどものまちミニひろさき，らぶちるカフェといったいわば“非日常”の活動です。先ほど取り上げたミニさくらは子ども劇場の活動を母体にした特定非営利活動法人 NPO 佐倉こどもステーションが実施したものであり，実行委員は子ども劇場での日常的な人間関係の延長線上でミニさくらをつくっていきました。子どもが「やりたい」気持ちやアイディアをはぐくみ，それを一緒にふくらませていく日常的な場をつくることにより，子ども参加が“ハレ”の日の特別な活動ではなく，くらしのなかに位置づいた活動になっていくでしょう。

　増山均さんは，子ども組織をつくりそだてていくために配慮すべきこととして，①子どもたちの〈失敗（つまづき）〉を大切にし，子どもの力を信じて〈待つ〉こと，②自分たちのことを〈とりしきる力〉を育てること，③子どもたちの〈たまり場〉を地域につくること，④子どもたちの指導のために〈青年〉を位置づけること，⑤教師や専門家，地域の人びとの力〈社会資源〉を活用すること，をあげています。

　失敗を「だめ」なこととしてとらえるのではなく大切にし，子どもの力を信じて待ち，実際に子どもたちが活動をとりしきることができるようになるためには，それを可能にするだけの時間が必要です。そして，それは単に物理的な時間を共有するだけでなく，子どもたちにとって居場所になるような「なじみ」の空

間があるほうが，よりその活動が子どもたち自身のものになっていくのではないでしょうか。

　そのように考えると，現在おこなわれている"らぶちる"の活動は非日常のイベントの実施ですが，日常的な活動を実施する子ども会のような性格をもつものになったら，子どものあそびも主体性もより豊かに展開していくと考えられるのです。

(3) 大学が日常的に地域の子どもとかかわることの意義

　では，なぜ大学が子ども会のような組織をつくるのか，というと，大学（特に地方国立大学）には，その地域の知と情報が集結しており，若者（増山さんのいうところの青年）がいるからです。かつて，子ども会は小学生の子どもを中心的なメンバーにしつつ，ジュニアリーダー，シニアリーダーといった中高生がかかわることによってナナメの関係のなかでの「憧れ―憧れられる」関係が存在していました。そして，それは子どもにとっても若者にとっても「こんなふうになっていきたい」という目当てを与えるものでした。しかし，現在の子ども会では，地域差はありますが全体的に子どもの子ども会加入率が低下し，ジュニアリーダー，シニアリーダーが活発に活動している子ども会は非常に少なくなっています。大学生の若者が活動にかかわることによって，中学生や高校生にとっての憧れの存在ができます。その結果，活動に参加していた子どもたちが，小学校卒業後，中高生になってからも活動への参加を継続していく要因になっていくと考えられます。

　また，地域自体がもつ凝集力が低下するなかで，大学のもつ知・情報・若者は子どもたちを活動にひきつけ，活動を魅力的にするものにするでしょう。

　ミニひろさきの実行委員の子どもたちをみてみると，公立小学校の子どもと弘前大学教育学部附属小学校の子どもがそれぞれ半分くらいずつで構成されていました（公立小学校の子どもの所属学校はばらけていてまちまちでした）。国立・私立の学校に通う子どもはえてして地域から遊離しがちになるため，居住地域の子ども会活動には参加しづらい面があります。しかし，多様な学校から子どもが集

まっている活動には，そのような子どもたちも参加しやすくなると考えられ，地域から遊離しがちな国立・私立学校に通う子どもが「地域」を実感する機会としても貴重なものになるでしょう。

このように，単なるイベントを超えて，"くらし"のなかに位置づいた活動を展開させることができたならば，それこそ大学は地域（の子ども）にとって欠かせないものになってくるでしょうし，学生の学びの質もより深いものへと展開していくと期待されます。

〈注〉

(1) 「遊び」のもつ，自由で自発的で，なにかの効用や生産性をもたらすことを期待せずに，ただ「やりたいからやる」という気持ちにもとづいて自己目的的におこなわれるという性質をここでは「遊び性」と定義します。

(2) ホイジンガ著，高橋英夫訳『ホモ・ルーデンス』中央公論新社，1951/1973年。

(3) 大村璋子編著『遊びの力──遊びの環境づくり30年の歩みとこれから』萌文社，2009年，15頁。

(4) 中央教育審議会「新たな未来を築くための大学教育の質的転換に向けて〜生涯学び続け，主体的に考える力を育成する大学へ〜（答申）」2012年

(5) 松下佳代・京都大学高等教育研究開発推進センター『ディープ・アクティブラーニング』勁草書房，2015年。

(6) マージット・ワッツ「サービスラーニング」サラ・コナリー，マージット・ワッツ著，山田一隆・井上泰夫訳『関係性の学び方』晃洋書房，2007/2010年。

(7) たとえば，体験活動として多くの学生が経験している教職課程における「介護等体験」ですが，私が教えているいくつかの大学の学生にたずねると，事前学習なしに実習先に行って，きちんとしたふりかえりもおこなわれずにレポートを書いて終わり，となっている例を多く聞きます。これでは，学生の学びも深まりませんし，受け入れ先も事前学習が不十分な学生を受け入れる負担感が大きいのではないかと思われます。

(8) 鯨岡峻『エピソード記述入門──実践と質的研究のために』東京大学出版会，2005年。特に序章。

(9) 渡部達也「子どもたちの豊かな育ちを大らかに見守る共感の輪」子育ち学ネットワーク編『なぜ，今「子育ち支援」なのか──子どもと大人が育ちあうしくみと空間づくり』学文社，2008年，117-118頁。

(10) 飯塚将太「『ミニさくら』と参画」子どもの参画情報センター『居場所づくりと社会つながり』萌文社，2004 年，38 頁。

(11) 久田邦明「過剰な人の効用」『公評』37 (8)，2000 年。

(12) 東京都教育庁社会教育部「新しい公民館像をめざして」（通称　三多摩テーゼ），1974 年 3 月。

(13) 佐藤学『「学び」から逃走する子どもたち』岩波書店，2000 年。

(14) 増山均『子ども組織の教育学』青木書店，1986 年，128-131 頁。増山さんは，実際には子ども組織の指導のポイントとして 10 点をあげていますが，ここでは 5 点だけを抜粋しました。

6章
"らぶちる"の実践から得られたもの

―大学生が実践する「子育ち支援」への課題と可能性―

岸 本 麻 依

この章は本書のまとめとして，これまでの活動から学んだことと，今後の“ら
ぶちる”に何を期待するのか，私が思う“らぶちる”の姿を描きます。私は現在
教育学を専攻する大学院生です。“らぶちる”のメンバーとして大学1年生から4
年間活動し，卒業してからも本書の2章4節で説明されている「こどものまちミ
ニひろさき」や弘前市駅前こどもの広場・弘前市と共催で開催された「パパラボ
──あそび研究所」などの行事に参加し，“らぶちる”の卒業生として部分的にか
かわりをもっています。私自身が実際に5年間の活動を通して，どのようなもの
を見て，どのようなことを感じて来たのか，その経験をふまえつつ“らぶちる”
のもっている課題や可能性，今後の“らぶちる”が向かっていく方向性に対する
期待について論じていきます。

1．内側からみた“らぶちる”の意義

（1）これまでの経緯，“らぶちる”での経験

　「子どもについて考えること」「“らぶちる”にかかわるようになったきっかけ」
「そもそも教育学部に入学した理由」，その私の原点はきっと，小学校の卒業式で
「将来の夢は教師になることです」と言ったことです。あの頃は私自身が「子ど
も」という立場で，「夢はなにか」と問われたからとりあえず知っている職業を
語っただけでした。私が「子ども」と本気で向き合いはじめたのは，大学に入っ
て実際に子どもにかかわるようになってからです。

　この5年間，学生としてだけではなくいろいろな立場から，幅広い年齢，異な
る状況，さまざまな課題をもつ子どもにかかわってきました。進学塾の講師，障
害児支援ボランティア，家庭教師，青森県教育委員会や弘前市教育委員会が開設
している，登校が難しい課題を抱えた児童・生徒が通う「適応指導教室」での支
援員もしました。大学院に進学してからも，東京都内の区立学校で教室登校に困
難を抱えている子どもへのかかわりを続けています。また，「子ども白書編集委
員会」にも参加し，『子ども白書』(本の泉社)の編集にも携わっています。個人的
な研究活動として小学校や中学校で「外」から参与観察を行ったり，地域子ども

130　　6章　“らぶちる”の実践から得られたもの

会の「内」で未就学児から高校生までを含めた子どもの仲間として活動したり，多くの機関や立場で子どもを見つめつつ，その間並行して"らぶちる"の活動も行い，多様な形で子どもに向き合う経験を重ねてきました。

"らぶちる"の活動では「子ども主体」というのを目に見える形で実感する瞬間があります。ちぎった新聞の山に容赦なく突っ込んでくる満面の笑顔，暗いトンネルの中につるした星をまじまじと見る真ん丸な目，同じ段ボールの中に居ても持てる力をすべて発揮して走り回る子もいれば，ただただその中に黙って座っている子もいるのです。それぞれの子ども自身が何を思い，何を目指しているのか，皆目見当もつきません。そこにはその子のその一瞬につくりだされた独自の世界があり，私たちの想像の範囲をこえているのです。それが保障されている時間や空間が「子ども主体」の実態で，一番"らぶちる"が大切にするものです。就学以前の子どもや小学生による「遊び」を通してだけでなく，中学生や高校生が自分たちの考えを巡らせて集会や行事を企画していくことにもかかわっており，私にとって「子ども主体」を実感できた"らぶちる"の経験は，"らぶちる"以外で子どもにかかわる際にも重要な視点になって私を励ましてくれます。一見主体性が見えにくかった塾講師や家庭教師としてかかわった子ども一人ひとりに対しても，その奥に広がるそれぞれの世界を意識することが大切であること，さらには"らぶちる"が主張する主体として創り出す「遊びの広がり」を，年齢や環境を変えて遊び以外のいろんなことにつくりだせる子どもの可能性に気づかされました。"らぶちる"での活動を続けながらさまざまな立場で子どもを見る機会を同時に持つことができたからこそ「子どもが主体」であることの本当の意味とその重要性を実感することができたのだと思います。

(2)「子ども主体」を考える大学生の主体性

"らぶちる"での活動にはつまずきや挫折の経験もありました。一つひとつのイベントに向かう途中には何度も転んだり立ち止まったり，真っ白になったり靄がかかったりたくさんの試練がありました。

私自身の大きな挫折は"らぶちる"結成理由であった「子どもを守る文化会

議」が終わった後にやってきました。文化会議自体は白熱した議論がなされ，改めて子どもを考える機会を持てたことや子どもの活躍の場をつくれたことに大きな達成感を感じました。しかし終了後，今後"らぶちる"で何をすればいいのか，やる意味はあるのか，ネガティブな感情から"らぶちる"を敬遠するようになり，結局一度"らぶちる"という団体・活動から距離を置きました。大きな目標を掲げていたからこそ，終わった後の方向性が見えずに私自身の思考も止まってしまったように思います。

　しかし，この挫折こそが，自分と向き合い自分を発掘することにつながる大切な契機だったと思います。当時"らぶちる"のほとんどのメンバーが教育学部に所属し，なんとなく「子どもが好き」「子どものために働きたい」という思いを抱いているものの，それが実際にどんなことなのか，どんな形で実現できるものなのかということを本気で考えたり，体感したりする機会をもてていなかったことが実情でした。それまで子どもにかかわる職業といえば「学校の先生」以外はほとんど眼中になく，児童館で子どもと一緒に遊ぶお仕事，学童保育の先生など，ぼんやりと存在は知っていても教員を目指してきた手前，それを自分のこととしてとらえることに対する抵抗感と現実味のなさが勝っていました。

　"らぶちる"として子どもに関わり，それに伴って関係機関の大人の方に出会い，何よりおいちゃんに見守られながら学生同士でとことん議論し「子ども主体」というものに本気で向き合った結果，たくさんの道が開けてきました。技術的な成長は学生にとっての自信となり，見守りのなかで思いっきり挑戦できる場が，"らぶちる"の軸をさらに明確にしていきました。「児童厚生員」「学童保育支援員」というように"らぶちる"から巣立った仲間には教員だけでなく，学校以外のいろいろな場面で活躍する人がたくさんいます。もちろん，それらを議論したうえで，やっぱり学校において自分の役割を果たしてみたいという考え方に至ることも学生にとっての財産です。道を模索してもがいている学生のキャリア構想を強く刺激する重要な場が"らぶちる"の大きな特徴でもあります。

2. "らぶちる"の課題と今後への期待

(1) 過渡期をむかえた "らぶちる"

　2章1節で紹介しているように、"らぶちる"は「子どもを守る文化会議」のシンポジウムを企画実施するために学生の有志とおいちゃんが協力して作り上げてきました。その企画に関わった初期メンバーは3章にコメントを寄せている1〜3期までのメンバーで、初期を知る学生メンバーは全員卒業し、現在の"らぶちる"に残っているのはおいちゃんのみとなりました。私自身は3期のメンバーとして携わったものの、当時大学1年生だった私は教育学部の先輩方が議論しているなかでただそこに座って話についていくのさえもやっとの状況でした。あの時の先輩方の子どもに対する情熱、姿勢、私たちを圧倒する討論、今振り返ると大学生活のなかでいろいろな経験をして、もちろんたくさんの知識を身につけてきたからこその迫力だったのだと思います。そしてそれらの学生同士のかかわりのなかに、活動を継承していくという構図がつくられていきました。先輩や仲間との相互作用として、少しずつ仲間意識の形成や、憧れ・見守る関係性の構築がなされていきました。しかし、ともに活動し、"らぶちる"の一番初めの想いや理念を共有したメンバー、またその後輩たちも徐々に大学卒業を機に"らぶちる"を巣立っていきます。そういう意味で"らぶちる"は今、新しい時代を構築していく時期だと感じています。結成当初から大事に守ってきた子どもに対する姿勢と、実践経験を積み重ねてきた"らぶちる"自体の組織的なとりくみを再度見つめ直し、これからの"らぶちる"がどうあるべきなのか、これからの"らぶちる"が子どもとどう向き合っていくのか、改めて議論する余地は十分にあります。「子どもが遊んでいるのを見るのが好き」「子どもの主体性を大切にしたい」そんな強い想いを育んできた"らぶちる"卒業生は、これからの新しい世代がどんなふうに主体を発揮していくのか、その良き変化をも「"らぶちる"の世界の広がり」として大事に見守っていきたいと考えています。

(2) "らぶちる" 主体から子ども主体へ

　本書に何度も出てくる「主体性」というワードは，今となっては "らぶちる" にとってなくてはならない言葉であり，一番大切にしてきた理念です。そして同時にその言葉さえあれば "らぶちる" を語れる，子どもの主体性を大事にする遊びや企画を考えるのが "らぶちる" の役目だと無意識にでも簡単に口にするようになったものです。この言葉を軸に活動し，この言葉を支えに子どもに向き合ってきたわけですが，それがふと疑問に感じられる時があります。過渡期をむかえた "らぶちる" が向かうべき課題がここにあるのではないでしょうか。

　「子どもの主体性を大切にと語っている "らぶちる"」ではなく，「子どもの主体性について本気で考えていく "らぶちる"」が今求められてきています。前述したように，子どもと向き合うことは簡単なことではなく，失敗したり挫折したり，投げやりになったり落ち込んだり，そのたびに嫌でも自分自身と向き合うことになります。その過程があるからこそ，"らぶちる" が学生自身の成長や学びの場として機能していけるのであり，「学生の主体的な実践」として磨かれていくことは "らぶちる" の大きな存在意義だと考えています。

　しかし，メンバーや環境が変化していく過程で，「主体性」という言葉がおざなりに扱われることや，成果が見えやすい「学生の主体性」に気をとられ過ぎると，"らぶちる" が本来もっていた意味が大きくすり替えられてしまう危険性があります。なによりも「子ども」の主体性を，大学生がどのようにとらえ描いていくのかがこれからの重要な課題になるのではないでしょうか。子どもとのかかわりの視点を「大学生からみた子ども」ではなく「子どもからみた地域社会」にうつし，彼ら自身の発見や気づき，思いや目的に注目すると同時に，さまざまな体験のなかで感じる「楽しい」「達成感」「満足感」から地域に目を向けていく過程を考えていく必要があると思います。そのために，子どもの目に今何が映っているのか，子どもがどんなことを考えて，どんな行動に出たのか，「子ども」という大枠の概念でとらえるところから「この子」「その子」一人の子として向き合い対話していくことで，"らぶちる" が目指す「子どもの主体性」についての議論がより一層深まっていくと考えられます。

134　　6章　"らぶちる" の実践から得られたもの

（3）"らぶちる" のこれから

　「この子」「その子」一人の子として向き合うことは，容易なことではありません。職業としてそれを専門にしている大人の方でも並大抵の努力ではかなわないのに，大学生にそこまで求めるのはリスクが大きいという声も少なくないはずです。しかし，リスクとともにそれに負けないくらいの可能性を秘めていることも事実ではないでしょうか。

　本書のタイトルは『大学生が本気で考える子どもの放課後』。"らぶちる"では，「らぶちるじどうかん」や「らぶちるカフェ」，「こどものまち」など，継続的とはいえ数か月に一度，あるいは年に一度の単発的な子どもとのかかわりをメインにしています。数年かけて実践を積み，経験として語れることが増えてきた"らぶちる"が今，本気で子どもの放課後を考えるなら「日常的」な活動，あるいはいつでも来られる「居場所」というテーマが後押ししてくれるのではないかと考えています。年に一度でもそれを楽しみに毎年来てくれる子もいるし，"らぶちる"の○○に会いたいと足を運んでくれる子もいます。子どもが私たちを一人の人として求めてくれる以上，"らぶちる"もその子を一般的な「子ども」ではなく「一人の人」として継続的にかかわっていけるような環境づくりをする必要があると思います。その時だけのハレの日の子どもの顔のみでなく，普段の子どもとのかかわりを大切にすることで，真の「子どもの主体性」を見出すことができると思います。

　これまでの"らぶちる"の活動内容とはカラーが違ってくるとは思いますが，メンバーが切望していた実践的活動であり，本気で子どもを考える"らぶちる"がこれからのテーマにしていくのにふさわしい内容だと感じます。大学生が常設の「居場所」を具体化するための壁は大きく今まで以上に綿密な計画，学習，多くの方々のサポートが必要になることですが，ゆっくり長い時間をかけじっくり計画を煮つめていくことで子どもとの信頼関係を築いた"らぶちる"が誕生すると信じていますし，それをなしとげる可能性をもっている学生団体だと信じています。

余　録

　本書は，4 期生（2013 年入学）が中心となって企画し，5 期生と一緒に執筆に取り組みました。

　原稿を書き上げた 2017 年 3 月に 4 期生たちは卒業し広い大海原へ巣立ち，残りのレイアウト構成や原稿校正は後輩たちに託していきました。

　その 4 期生たちが，後輩たちへメッセージを寄せてくれました。

あーちゃん

　らぶちるにはありがとうの気持ちでいっぱいです。偉そうなことを 3 つ。1 つ目，イベントは誰にとっても人生で一度きり。子どもたちにとって宝物になるといいなあ。2 つ目，「なんでらぶちるに入ったんだっけ？」を時々思い出してみて。3 つ目，変な遠慮とか いらなかったみたいだから，周りにばんばん頼ってみて。またみんなと一緒に活動したいなあって実は思っているあーちゃんより。

はるる

　子どもでもなく，大人でもない。そんな大学生の今だからこそできる関わりかたを子どもたちとできるのがらぶちるの活動だと思います。

　子どもとの向き合いかたに正解はなく，悩むことはたくさんあるけれど，自分なりに楽しみながら子どもたちを見守れば，きっと得られるものがたくさんあるはず。肩の力を抜いてらぶちるの活動に参加してみてください＾＾こどもの居場所をつくるだけではなく，自分の居場所もみつかるかも。

いっちー

　らぶちるの活動は，頭も体も使います。もしかしたら，他のサークル活動より辛いかもしれません。しかし，子どもたちからもらう「ありがとう」には，辛いこと，大変なことを忘れさせてくれる力があります。

だからこそ，みんなで子どもたちの「わくわく」することを考えるのに体力を使いましたね。

　最後に私が言えることはひとつです。大学生活で一切悔いのないように，らぶちるに限らずなんでも好きなことに挑戦して1日1日を全力で過ごしてくださいね。

りさちー

　私がらぶちるに入って一番よかったなと思うことは，おいちゃんやらぶちるメンバーはもちろん，活動を通してさまざまな人に出会えたことです。ただの大学生だったら出会うことのないたくさんの子どもたちや大人の人たちと出会えました。まずは出会う機会を持つことからでも何か変わるのではないかなあと思っています。また，見習うことがたくさんあって尊敬できる仲間たちと活動をできたことで，自分も少〜しだけ成長できたかなと思っています。活動では子どものことをですが，普段から相手のことを真剣に考えているメンバーだったからこそ，真剣な話も他愛のない話もなんでもできたんじゃないかなあと思います。後輩の皆さんも真剣な話もどうでもいい話も研究室でたくさんたくさんして，お酒も飲みながら（笑）いろいろな人たちとの出会いを大切に，思い出を作っていって欲しいなと思います。

かおり

　活動の場所も子どもも毎回違うからこそ，そのひとつひとつを楽しんで活動してください！話し合いをしていて嫌になることもたくさんあると思うけど，子どもが楽しんでる姿を見たら「やってよかったな」「自分も楽しいな」って，らぶちるで活動しててもうみんなも経験していると思います。活動を重ねるたびに子どもからいろんなことも感じていくと思います。そんな想いが次にもつながると思うので，子どもが楽しく，そしてみんなも楽しく活動して下さい！

つっきー

　らぶちるのみんなには，らぶちるの1番の強みというか良さである「子どものことを1番に考える」ことを続けてほしいです。それにすべてはつきます。なにをするにして

余　録　137

も，最後には子どものことを考えたらどうするべきかに行き着くと思ってます。

　準備も本番も，どれだけ子どものことを考えられているかで，子どもの言動や表情は良くも悪くも変わります。子どもが笑顔で遊ぶ様子を見守るために，準備段階でまず子どものことを1番に考え，練りに練ってほしいです。

　また，らぶちるのメンバー同士で，案が練られる話し合いをしてほしいです。言いたいことを我慢するのではなく，言った方がよいです。みんなで練ってこそ，よりよいものができます！それも子どものことを1番に考えてることに繋がるのを忘れないで。

　その上で，らぶちるメンバーが楽しみながら，活動できればいいなぁと思います！

　大変なことや，やめたくなることもあると思います。そういうときにも支え合えるらぶちるでありたいですね〜！

ちーちゃん

　向上心が強くて頑張り屋さんの現メンバーへ。一個下の後輩がいなかった私たちにとって，皆さんはかけがいのない存在でした。そんなみんなには，子どもと真剣に向き合うことを大事にして欲しいです。話し合いは嫌になることばっかりだったけど，らぶちるでの日々が私を支えております。まずは，目の前の子どものことを第一に。それがレベルアップや成長に繋がると思います！

現役生からのお返事

　らぶちるに参加して日が浅く，子どもとの距離や接し方がつかめていない部分もありますが，一緒に活動している先輩方からたくさんのことを教えていただきながら，毎回新鮮な気持ちで活動に取り組めています。

　先輩がつくりあげてきた子どもの居場所づくりを参考に，今のらぶちるメンバーで頑張ります。

　これからたくさんのイベントに参加して経験を積み，今の自分たちが感じている問題点を改善し，らぶちるがさらにより良い方向に向かっていけるように努力していきます。

らぶちる報道記事（一部抜粋）

子どもの本音どう発信
12月弘大で県内初の「文化会議」

シンポジウムの内容について熱心に話し合う、らぶちるのメンバー＝9月下旬、弘前大学

学生がシンポ運営 準備に奔走、議論熱く

子どもを取り巻く地域の諸課題を話し合う「子どもを守る文化会議（以下、会議）」が12月1、2の両日、県内で初めて弘前大学で開かれる。このうち初日のシンポジウムを同大の学生有志が企画、運営することに決定。子どものはさまざまにいる大学生だからこそできる内容にしたい」と議論を重ね、準備に奔走している。半世紀以上の歴史を持つ会議の中で初めて、子どもたちが主体となって意見を発信する場が設けられる。

（工藤瑠美子）

9月下旬、弘前大学創立60周年記念会館の一室に「コラボ弘大」の会員が集まり熱心に議論していた。学生たちは6月の結成から授業や実習の合間を縫って数度集まっては今回の目玉となるシンポジウムの内容を詰めた。

「らぶちる」と呼ぶこの「子どもを守る会議」の一事業として、日本子どもを守る会は、全国各地の個人や団体などと一緒に実行委員会を組織して毎年開催している。地元の実行委員会は教員や研究者、市民団体メンバー、学生などで組織。さまざまな職種、立場の人が関わり合ってできたネットワークが、会議終了後も地域に根付くことを目指している。学生がつくる無料日帰りスペースも今回の目玉の一つ。会議は誰でも参加可能。2日通し券は1500円、当日券は1000円。問い合わせは弘大生涯学習教育研究センター深作拓郎研究室（☎・ファクス0172⑨3147、Eメールtaku@cc.hirosaki-u.ac.jp）。

らぶちる責任者でもある深作講師は、議論する大人同士の関係や、大人と子どもとの関係など多岐にわたった。

「食べ物をお裾分けできる『持ちつ持たれつの関係』とは…」

会議のために弘大有志学生16人と組んだ教職員と学生有志16人と組成、シンポジウムを単独で90分構成した流れを修正したり助言をする程度。「見て、聞いて、子どもの本音を引き出して発信してもらいたい」と思う入らもいるかもしれないが、今回は「そういう風にしたいと願う大人もいるかもしれないが、本音にぶつけて発信したいというのが狙いだ。

らぶちるメンバーは地域の話題を集めつつ、街中でアンケートを実施したり、10代から大人までのさまざまな声を拾い、意見に反映させて、「答え」を探して、メンバーは磨きをかけている。

「意見を聞くことで『自分の考えを深めることができた』や、街中のアンケートを通じて大人にぶつけていくか。さらに、シンポジウムに参加する三本木農業高校生との話し合いや、悩みながらも、子どもの本音をどう引き出し、大人にぶつけていくか。"答え"を探って、メンバーは腕をみがいている。」

陸奥新報 2012年10月12日

弘大生・教員の研究会
創造性育むイベント好評

段ボールが「温泉」に！
身近な素材で楽しく遊ぼう

東奥日報 2015年3月25日

育児支援通じ成長
弘大「らぶちる」活動1年
催し企画 身に付く主体性

陸奥新報 2013年12月26日

社会の仕組み楽しく学習

仮想の街 働いて、遊んで、起業も…

文京小で「こどものまち」

（弘前）

子どもたちが仮想の街で働いたり遊んだりしながら社会の仕組みを学ぶ「こどものまち（ミニひろさき）」が7、8の両日、弘前市の文京小学校で行われた。7日は中南地域の小学生約170人が集まり、銀行やカフェ、ヘアメーク店などが営まれる街で思い思いに「市民生活」を楽しんでいた。（太田佳希）

こどものまちは、子ども自身が街を育て、社会の仕組みを学ぶ催し。1979年にイタリアで開始され、日本でも各地で開催されている。本県では今回が初めて。子どもたちは街の中で好きな仕事を選んで働き、給料として独自通貨をもらって買い物などに使うことができる。街には飲食店のほか、菓子を楽しく見立てた薬局、遊

朝陽小2年の小林奈央さんと笹森蓮華さんは「パンケーキを焼いたり、ヘアメークをするのが楽しい」「遊ぶのも、もう少しお金を稼いでからにしようかな」などと話していた。

今回のこどものまちは、

びでお金を稼ぐ「ダジャレ道場」など個性豊かな店がずらり。店員の子どもたちはタイムセールをしたり、おまけを付けたりして客を呼び込んでいた。空き地を購入し、起業する子もいた。

「あおもりで『生きる・働く』を学ぶ中南地区実行委員会」が主催。市内の小学生による子どもスタッフが企画・運営し、弘前大学の学生らも協力した。

深作拓郎実行委員長（弘前大学生涯学習教育研究センター講師）は「ただの職業体験ではなく、町づくり。自分のやりたいことを周囲と力を合わせて実行していくことで、市民の在り方を感じてほしい」と話した。

子どもたちが自由に働いたり、遊んだりした「こどものまち」

銀行で働いた分の給料を受け取る子どもたち

東奥日報 2016 年 1 月 10 日

余 録　141

編集後記：本書の刊行にあたって

　本書は大学生による「子ども」へのアプローチの実践として、"らぶちる"自体の紹介、これまでに行ってきたとりくみ、そこからどのようなことを吸収し今の自分に生きているのかということをまとめ、結成からこれまでに至る"らぶちる"の総括を行ってきました。さらに"らぶちる"と一緒に「子ども」を考え、さまざまな形でかかわっていただいた地域の方からの声も含め、今後の"らぶちる"や子どもにかかわるということに対して考える一つの契機になる一冊になったのではないでしょうか。私たちは"らぶちる"と同じように「子ども」に本気で向き合い、日々試行錯誤を重ねる多くの方々とこの本を通じてつながることができることを願っています。

　本書の編集を進めていくなかで、私自身も"らぶちる"がやってきたことや大事にしてきたこと、変わらずにずっと受け継がれてきた思いや、進化してきた過程を再認識することができました。活動の意義や"らぶちる"の役割を議論するとたくさんの要素や課題が見えてきますが、すべてひっくるめて「子どもの笑顔のために」という、この一言で表現できると思います。子どもとかかわることは、環境や立場によっては子どもをしばりつけたり誘導するような形に見えたりすることもありますが、"らぶちる"にはこれからも目標や目に見える成果だけにとらわれず、子どもが主体性を発揮できる、子どもが自分を出せる、子どもが思ったようになにかをしたりなにもしなかったりできる、ただそんな「場」を設けることの重要性を念頭に置いて、活動を続けてほしいと思います。"らぶちる"の持ち味は、「いつでも本気で子どもについて考えぬくこと、考え続けていくこと」です。それがきっと子どもたちの未来の何かにつながっていくと信じて活動を続けていってくれることを期待しています。

　最後に、"らぶちる"の活動は、たくろうおいちゃんをはじめ弘前大学生涯学習

教育研究センター，かかわってくださる自治体や関係機関等，多くの方々のご指導やご支援に支えられて今日まで続けることが出来ました。これまで"らぶちる"にかかわり見守ってくださった皆様に感謝の意を表したいと思います。

　また，この本を手に取って読んでいただいた方々には，これからも子どもの豊かな放課後・地域社会を本気で考える仲間として，これまでの卒業生を含め"らぶちる"メンバーと多くのかかわりをもっていただけることを願っています。

編集代表　岸 本 麻 依

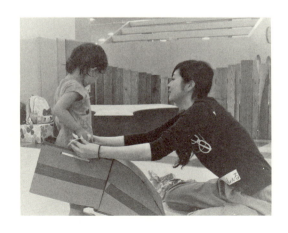

執筆者・らぶちる在籍者　一覧

編集代表

深作　拓郎　（弘前大学生涯学習教育研究センター）
岸本　麻依　（早稲田大学大学院生・らぶちる3期生）

執筆者

曽我　　亨　（弘前大学副理事）
長﨑　由紀　（岩手県立児童館いわて子どもの森）
阿南健太郎　（一般財団法人　児童健全育成推進財団）
平間　恵美　（NPO法人　はちのへ未来ネット）
鈴木　沙織　（前　久慈市立中央公民館）
神田奈保子　（ポピンズ国際乳幼児教育研究所）
阿比留久美　（早稲田大学等非常勤講師）

らぶちるメンバー

★1期生（2012年度卒業生）
　安達美里，太田亜希，尾形綾香，山野みのり，八峠有希
★2期生（2014年度卒業生）
　工藤未和子，久保澤佑貴
★3期生（2015年度卒業生）
　阿部香澄，岸本麻依，鈴木この実，武石侑也，野崎真理奈
★4期生（2016年度卒業生）
　浅原夏希，今梨沙，齋藤綾乃，斎藤大地，薄田春花，中田新子，
　村上佳緒里
★現役メンバー
　横山姿起，山口大空，福添由未加，棟方瑞希，石山美咲，川原田明梨，
　高橋りさ，長岡　芽，高橋絢萌，平山　亮，伊藤麻里奈，奥井峻太，
　小袖　望，白鳥　花，佐々木美涼，福井美音

【編集代表者紹介】

深作　拓郎（ふかさく　たくろう）

茨城県出身。高校生の時はジュニアリーダー活動に没頭し，大学生の時には児童館・学童保育で活動。埼玉純真女子短期大学専任講師等を経て，2009 年より弘前大学生涯学習教育研究センター講師。専攻は社会教育学。子どもの放課後や地域社会での遊び，地域のなかで子どもが育つこと，大学の地域貢献・大学開放などを研究している。
著書に，『なぜ，今「子育ち支援」なのか』（編著，2008 年，学文社），『地域で遊ぶ，地域で育つ子どもたち』（編著，2012 年，学文社）他。

岸本　麻依（きしもと　まい）

青森県出身。早稲田大学大学院文学研究科教育学コースに所属。大学時代は "らぶちる" の活動に加え，県や市の教育委員会・民間における教育活動等，子ども関連活動に力を注ぐ。子どもの遊びや地域との関わりに発達心理学の視点からアプローチし，ソーシャルスキルに関する研究に着手。大学院では，地域の伝統文化，特に祭りを焦点化し，「地域子ども」という捉え方を提起。小・中学校や，地域子ども会へのアクションリサーチを行い，地域と密接に関わる子どもの育ちを追究している。

大学生が本気で考える子どもの放課後
──弘前大学生の地域参加とプレイワーク実践──

2018 年 3 月 1 日　第 1 版第 1 刷発行

深作拓郎・岸本麻依 編集代表
弘前大学学生・教員研究会らぶちる─Love for Children 著

発行者　**田中　千津子**		〒 153-0064　東京都目黒区下目黒 3-6-1
		電話 03（3715）1501 代
発行所　**㈱ 学 文 社**		FAX 03（3715）2012
		http://www.gakubunsha.com

Ⓒ Takurou FUKASAKU & Mai KISHIMOTO　2018
乱丁・落丁の場合は本社でお取替えします。
定価は売上カード，カバーに表示。

印刷所　新灯印刷
Printed in Japan

ISBN978-4-7620-2753-6